ちくま新書

使える!「国語」の考え方

橋本陽介
Hashimoto Yosuke

1380

使える！「国語」の考え方【目次】

はじめに

学校で習う教科のうち、「国語」が重要であることを否定する人は、ほとんどいないだろう。「国語」力とは、言語能力とも言い換えられる。社会や理科など、そのほかの教科も文章を通じて理解しなければならないので、文章の意味がよく理解できないためにつまずいている生徒も少なくないように思われる。私たち人間は、直接経験することによって理解することよりも、文章などの言葉を通じて知ることのほうがずっと多いのであり、言語能力はあらゆる学習の根幹ともいえる。

大人になってからも、私たちは日々、文章を読まなければならないし、書かなければならない。「国語」科目に期待されること、つまり日本語の運用能力は、ずっと学習し続けなければならないものであるといえよう。

では、その「国語」の授業自体については、どのような印象を持っていた、あるいは持っているだろうか。私自身の経験で言えば、実を言うと中学三年の秋ごろまで、もっとも苦手な教科であった。期末試験や模擬試験の点数が取れないし、いい成績もつかなかった。

テストの点が取れなかったのは、一つには勉強の仕方がわからなかったというのがある。他の科目は普段の授業や、ドリルなどの問題と試験問題が一致しているように思われ、それを勉強すればするだけ点数に直結するのだが、国語だけはそうはならない。授業でやっている内容と、テスト問題の性質が異なっているように感じられた。聞いていても点数が取れないのである。それに、国語の授業が何を目標にし、何の能力を上げようとしているのか、いまひとつ分かっていなかった。

中三の秋から、受験勉強を始めたことによって、テストの点の取り方はある程度わかるようになったのだが、授業の意味については相変わらず分からないままであった。「何を勉強したらよいか分からない」という現役の生徒は多いし、社会人で学生のころそのように感じていた人も多いのではないだろうか。

ツイッター等で検索しても、「作者の気持ちなんてきかれても分かるわけがない」のような言説が流布していたり、「感想文は書かされたけど、書き方は教えてくれなかった」などと書かれていたりする。やはり、何をやっていたのかよく分からなかった人が多いようだ。国語科の教員になってはじめて、学校の「国語」では何が目指されていて、そのために何をやろうとしているのかが分かったが、教員側と授業を受ける側に認識の差が少なからず存在するように思われる。

「国語力」を高めたいという人は多くいるだろうし、昨今は学校で教わった内容の学びなおしをしたいというニーズも高まっている。そこで本書では「何をやっているか分からない（分からなかった）」学校の「国語」、それも現代文の授業を取り上げ、そこで何が目指されていたのか、その謎解きからスタートしたいと思う。かつて授業を受けていた人はもちろん、現役の高校生あたりでも、国語の授業とは「そういうことだったのか」という気づきを提供しつつ、そこで「目指されていた国語力」を確認したい。さらに、本書ではそこからスタートして、一歩先に進んだ考え方を提示していきたい。

昨年度まで、高校で国語科の非常勤講師を七年間務めた。機会があれば、また「国語」を担当したいと思っている。「国語」は、生きている限りずっとつきあうものであるし、ずっと学び続けていくものである。本書がその一助となれば幸いである。

第一章

現代文の授業から何を学んだのか？

†国語の授業はつまらない？

論理的な文章をきちんと読めるようになること、あるいは書けるようになることが重要であるというのに、異論をさしはさむ人は少ないだろう。

一方、小説文のほうはというと、その学習内容や授業方法に対してしばしば批判が寄せられる。「国語は感性で、どのように読んでもいいと言われているのに、なぜか正解が設定されている」「作者の気持ちを考えろというが、そんなものは分かるはずがない」「そもそも何をやっているのか分からない」といった意見が、当たり前のように聞こえてくる。

そのほか、「論理的読みを重視するべきで、それ以外は教える必要がない」「文学は趣味に類するものだから、学校の授業ではあつかうべきではない」という意見もある。「国語の授業がつまらないのは国文科出身の先生によって占められているからだ」などという意見もけっこう聞く。

こうした批判をする人は、大学の教員や出版業界にも少なからずいる。哲学の専門家や言語学の専門家が現状の小説文教育に文句を言うのを何度となく聞いた。そうした批判を聞いたことがないという文学専門家や国語教師もいるかもしれないが、それは直接言いにくいだけのことだろう。

総じていえば、いわゆる昔ながらの「文学解釈」についての批判が多いようである。もはや小説を学ぶことは自明なことではない。

そして、学校教育のほうも明確に文学ではないところに重点を移しつつある。小説を学ぶ意義が問われている中で、どのような教育を行うべきなのか、何を学んだらよいのかを考える必要は、今後いままで以上に出てくるように思われる。

出版社も「「読解ではなく論理」の方向で本を書いてください」と言ってくる。国語について、論理を重視する本は市場の受けがいいらしく、すでに飽和状態である。本書ではあえて逆に、小説文を読むことについて最初に考えていこう。学校の授業ではいったい何を教わったのだろうか。そこから一歩進めるにはどうしたらよいのだろうか。

†何をやっているのか分からない

さて、現代文のうち小説の授業は、いったい何を目的にやっていたのだろうか。他の教科でも、「何のために歴史を学ぶのか」「何のために数学を学ぶのか」という問いを学習者から挙げられることは少なくない。しかし、大人になってから振り返ったときに、「日本史」なら日本の歴史を暗記したというのは覚えているだろうし、「数学」でも方程式を解けるようになった、などというのは「学校で教わったこと」として記憶していることである。

ところが、国語の小説文では、ある小説を読んだことは覚えていたとしても、そこで何が目標とされ、何を学んだかそもそも覚えていない人が少なくないようである。漢字の学習などは分かりやすいが、小説文の読解とはいったい何が目標にされ、何を学習したのだろうか。

授業で「何をやっていたか分からない」という感想は、授業を聞いていることとテストの成績がマッチしないこととも関連しているように思われる。他の教科は、テストのための勉強の仕方が分かるし、点数にも結び付きやすい。「歴史」なら教科書に出てくる事項を暗記すればいいし、「数学」なら教科書や問題集に出てくる問題を解けるようにすれば、確実にテストの点も上がる。授業で学習したことと同じこと、もしくはその応用がテストでも問われるからである。

ところが、国語の現代文だけは違う。授業を真面目に聞けば聞くだけ、教科書を暗記すれば暗記するだけ、テストの点が伸びるというわけではない。授業で行っていることと、定期試験や入試問題が乖離しているような印象があるのである。私も中学時代、定期試験の国語だけ著しく点数が悪かったのだが、どうやって勉強したらよいのか分からなかったし、授業とテストが関連しているようにも思っていなかった。

その点、塾や予備校での対策は明快である。入試で点を取るための授業を行うので、問題の解き方が分かる。テストの点の上昇にもつながってくる。そうなると、学習の効果が実感しやすいのはテスト対策を行う塾や予備校の授業のほうであり、学校の国語の授業ではなくなってくる（もちろん、中学や高校でも、予備校のように直接点数につながる授業を行っているところもあるだろうが、ここでは考えない）。

学校の教師には「点数を取らせるための塾と学校の授業は異なる」と言う人が少なくない。これはその通りなのだが、では何が違うのだろうか。それは生徒に伝わっているのだろうか。ほとんど伝わっていないから、「小説の授業は役に立たない（立たなかった）」と思われるし、大人になってからもそのように回想されるのではなかろうか。

†学習指導要領では

それでは、現代文の小説文の授業とはいったい何だったのか。まず、学習指導要領において、何が目標とされているか見てみよう。

読者の年齢によって、実際に受けた時の指導要領は異なるが、ひとまずここでは平成二〇年度公示の学習指導要領を見てみよう。小学校の「文学的な文章の解釈に関する指導事項」では、「低学年では場面の様子について、登場人物の行動を中心に想像を広げながら読むこと、中学年では登場人物の性格や気持ちの変化、情景などについて、叙述を基にして読むこと、高学年では登場人物の相互関係や心情、場面についての描写をとらえて読むこと」となっている。つまり低学年では「場面の様子」と「登場人物の行動」を中心とし、学年が上がるにつれて人物の性格・気持ち・情景等を読めるようにしていくことが目標とされていることが分かる。

今挙げたのは小学校の指導要領だが、実のところ小説文の読み方の道具立てはここで出そろっている。論説文でも同じだが、国語の基本的な目標は小学校から高校まで一貫しており、徐々にそのレベルを上げていくものになっている。二〇一八年現在、高校一年生の課目になっている「国語総合」で小説読解にかかわる目標を見ても、「文章に描かれた人物、情景、心情などを表現に即して読み味わうこと」となっていて、それほど変わっていない。

さて、この目標にも見て取れるように、現行の国語教育において小説文を読む際には、「心情」が重視されていることが分かる。これをここでは**心情中心主義**と呼ぶことにしよう。次に、「読み味わうこと」となっている点にも注目したい。国語教育において、小説文は「味わうもの」であるとする思想を読み取ることができるだろう。これを**鑑賞中心主義**と呼ぶことにしよう。この二点は、受けた国語教育に対する苦情として特によく提出されるポイントでもある。

†心情中心主義と鑑賞中心主義

しばしば、「作者の気持ちなんて、答えようのない問題をいまだに訊《き》いている」といった批判がまことしやかに流布しているのを目にする。しかし、これは完全に誤りである。なぜなら小説文において、作者の気持ちが訊かれることはほぼないはずだからである。特に、試験問題において「作者の気持ち」が問われることはまずない。私も長く塾や学校で教えたが、そのような問題はまだ一度も目にしていない。もしテストでそれが訊かれるとするならば、それは「作者の気持ち」なるものが書かれているときだけであろう。書かれているとするなら、それは「答えようのない問題」ではなくなる。「そんなわけはない」と言うかもしれない。「自分は確かに作者の心情を答えさせられた」と言うかもしれない。だがそれはおそらく、作者の気持ちではなく登場人物の気持ちである。現行の小説文を扱ったテストでは、心情がよく設問にされているのは確かで、センター試験にもよく出てくる。しかしそれは作者の気持ちではない。

「作者の気持ち」は究極的には作者以外知りえないものであるが、「登場人物の気持ち」は「答えようのない問題」ではない。なぜなら小説文には登場人物が存在しており、その人物は感情を持っているし、その心情も書き込まれている。書かれているものなのだから、当然読み取ることができる。

「心情」を読むことは指導要領の目標にも書いてあるし、テストの設問としても多いので、学校を卒業してもなおそのイメージが強く残っているのだろう。めったなことでは訊かれたことのないはずの「作者の気持ち」なるものが、記憶に残っているとしたら、このためであろう。だがそれにしても、「登場人物の気持ちばかり読み取っていったい何の意味があるのか」という疑問が湧いてきそうだ。

次に、「鑑賞中心主義」について見てみよう。「国語総合」には、文章を「読み味わう」という目標が設定されていた。国語教育では長らく、「素晴らしい文章」を「味わう」、つまりは鑑賞することが主に行われてきたのである。また、小説では「情緒」が重視された。ここで言う情緒とは、小説や詩などを読んだときに読者が抱く言葉にならない感情のことである。

小説や漫画、テレビドラマや映画などを読んだり、みたりしたときに、「なんとも言えない気持ち」になったことは、きっと経験したことがあるだろう。主人公が不幸な目にあったり、死んでしまったりすると、なんともいたたまれない気持ちになる。つまり小説文(や漫画その他)は、私たちの感情に働きかける作用を持っている。簡単に言えばこれが「情緒」である。

「情緒」なるものは直感的なものであって、言葉にできるものでも、論理的に解析できるものでもない、という考え方がかつてはよくあった。もちろん、小学生など低年齢の子供にとって重要だが、高校に入ってまでそれを授業で取り扱ってどうするのか、という疑問も出てくるところだろう。

また、「味わう」となると、小説文を芸術的なものとしていることになる。さらには、小説文などの文学はその表現の奥底に、言葉にならない何らかの「真実」のようなものを感じさせるものだ、とする考え方が古くからあり、これも小説文を一種の芸術としてとらえていることになる。**おそらくこのためであろう、大学の授業で小説を扱うと、「私は感**

受性が低いので、読み取れているか分かりませんが」というようなことを言う学生が少なからずいる。つまり小説文の読解は、感受性と結びつけられることが少なくないのである。

芸術的なものとして国語教育を行うとすれば、音楽や美術などに類するものになる。「国語」はもっと別なこと、実用的側面を重視するべきではないかとの批判は、やはり出てくる。もし小説文の読解が感受性の問題だとするなら、それは本人の資質に依存してしまう。教育では感受性より、技術を教える必要があるのではないか、と批判することができる。

現行の教育では鑑賞するだけを行っているわけではないと思うが、大人の中では「鑑賞」のイメージが強いらしい。そこも批判を招くポイントの一つである。

†読書感想文の影響力

よく知られていることだが、学校空間においては取り上げる小説やその読み方については、明確なバイアスが存在している。「青少年にふさわしくない」もの、例えば暴力や性の問題は当然のごとく排除される。

逆に何らかの教訓を得られるような話は取り扱われやすい。これは論説文においても同様である。「清く正しく」が学校空間なのである。これに関連して、授業では「教訓」を読み取ることが行われやすい。これを道徳的読みと呼ぼう。

「道徳的読みが支配的である」という言説に対して、現場の教員は「そんなわけはない」と反発することも少なからずある。もちろん、国語の授業では明確に「道徳」を教えているわけではないし、そうした意識を教員側も持ってはいないだろう。

だが、それでも依然として「道徳的読み」が特に小中学校の段階では支配的であるといえる。それがよく分かるのが読書感想文である。

読書感想文では、「～しなければならないと感じた」「これからは～していこうと思った」「～してはいけないのだと思った」のように、小説文を読んで自分がすべき行動、してはならない行動が書かれるのがテンプレートのようになっている。

試みにインターネットで「読書感想文　書き方」などと検索してみるといい。すると、「題名を「XXX（主人公）が教えてくれたこと」などとすると深く読んで書かれた感想だという印象を与えます」「締めには、読み終えて自分にどんな変化があったかを書く。「自分も主人公のように、信念をもって行動しなければならないと思った」など」というようなアドバイス」が無数に出てくる。書店に行って、「感想文の書き方」のような書籍を見ても、ほぼ同じである。こうした作文が評価されるのだろう。私自身も、読書感想文の書き方を教師に指導された記憶はまったくないが、なぜかこうした「教訓」的な感想を書いていた記憶がある。

高校一年生にレポートを書かせると、きまってこのような「教訓読み取り」的作文が出てくる。教師一年目の時、私は勤務校の高校一年の授業で『古事記』の現代語訳を全文読ませて課題をやらせたことがある。『古事記』を読んでも、「〜してはいけないと思った」といった教訓的読みが多数出てくることに驚いた。生徒たちは読書感想文のテンプレートをきちんと学んでいたのだ。

さらには、課題とは全然関係のない「日本の大切な古典である古事記を今このタイミングで読めてよかった」といったコメントを最後に書いてくる生徒が少なからずいたし、挙句の果てには「『古事記』を読む機会をいただき、感謝します」のような、気持ち悪い文句を書いてくる生徒も一人ではなかった。

つまり私がここで「道徳的」と呼ぶのは、文字通り小説から道徳を読みこむことだけを指しているのではない。学校空間で教師から与えられるものは「正しい」ものであり、その「正しいもの」を読みこむことが正解とされているということも含めている。

このため、大学生でも授業の後でコメントを書かせると、「今までは〜のように思っていたが、〜を勉強することが大切だと思った」「これからはこういうことも考えて生きていきたいです」などといった文章が大量に生み出され、大学教員にため息をつかせることになる。こういうことを書く学生が自主的にそれを勉強するのを見かけたことがない。単に、教員に与えられたものを「正しいもの」として反応するのが正しいと思っているだけである。

この段落を読んで、「そのような感想を書くことの何が悪いのか」と感じた人もいるだろう。そうだとすれば、まだ大人の勉強を知らないということである。

芥川龍之介「羅生門」をどう教えているのか

さて、学習指導要領からスタートして、小説文読解に見られる傾向を見た。それでは、ここで実際の学校現場でどのような学習が行われているのかを見てみよう。

それを見るのに、定番中の定番教材、芥川龍之介の「羅生門」を取り上げることにする。

現在、高校で定番教材となっている小説文は、「羅生門」「舞姫」「こころ」「山月記」の四つであるが、中でも「羅生門」は高校一年生の必修課目である「国語総合」に採録されており、しかもその採録率は二〇〇三年以降一〇〇パーセントである。つまり、どの会社の教科書を使ったとしても、教科書を使って授業をする限り、日本の高校生は必ず「羅生門」の授業を受けることになる。二〇〇三年以前でも定番教材だったので、ほとんどの世代で学習したはずである。

ではこの定番教材を使って、各高校の先生方はどのように授業しているのだろうか。実はこれを知るのは簡単ではない。数学や歴史のように、教える内容が比較的決まっている教科とは異なり、国語科の授業は自由裁量の部分が少なくないから、究極のところ他の学校でどのように授業を行っているのかは、見学してみなければ分からない。

しかし、ある程度どのような授業が行われているのかを知る方法はある。まず教科書の設問と、教科書会社が発行している指導書を見ることである。もちろんそれ通りに授業がなされているかどうかは分からないが、教科書の設問に従って授業するほうが簡単だから、けっこうな割合でそれに沿った授業が行われていると思われる。

もう一つ、参考になるものがある。それはさまざまな学校の先生方が作った指導案である。指導案とは、簡単にいえば授業をする前にどのような授業をするのか、その計画を書いたもののことだ。さすがに定番中の定番だけあって、インターネットで「羅生門　指導案」と検索するだけでも、公開されている指導案がたくさん出てくる。これを見れば、「羅生門」でどのような授業をしているのか、ある程度は知ることができる。

そこで、教科書や指導案などを参照しながら、オーソドックスな授業がどのように構成されているのかをまず見ていくことにしよう。忘れている人も多いだろうから、「羅生門」のおおよそのストーリーをまずまとめておこう。

「羅生門」では、最初に場面設定として、京都に災難が続いてさびれていること、羅生門も荒れ果てて誰も修理せず、盗人が棲むようになり、挙句の果てに死体を捨てる場所になってしまったことが語られる。

このような状況のもと、下人が羅生門の下で雨が止むのを待っている。下人は、四、五日前に主人から暇を出され、どこにいく当てもない状況である。盗人にでもならなければ、飢え死にしてしまうかもしれないが、その決心もつかずにいる。門の上に上がれば、風雨もしのげるし、人目にもつかないだろうということで、ひとまずそこで夜を明かそうとする。

上に登った下人は、そこで誰かが火をともしていることに気が付く。そこは死体だらけであったが、老婆が一人その死骸の中にうずくまっている。「六分の恐怖と四分の好奇心」から、下人は老婆の観察を続ける。老婆は、女の死体の髪の毛を抜いていたのである。すると下人には「悪を憎む心」が生まれ、老婆にとびかかり、老婆を完全に支配下に置く。優位に立った下人から、悪を憎む心は消え失せ、「安らかな得意と満足」を得る。そしてなぜ女の死体の髪の毛を抜くのかと問い詰める。

老婆はその女の髪の毛を抜いて、鬘にしようとしていたのだと言う。それは悪いことかもしれないが、髪を抜かれている死体となった者どもも、それくらいのことをされてもいいような連中であり、また老婆もそうした悪事を働かなければ餓死をしてしまうから、仕方がない、見逃してくれと弁解する。

下人は、それならば自分が老婆の服を取ったところで恨むまいなと、老婆の服を取り、闇へと消えていく。

・心情の変化と「悪」について

「羅生門」を扱う授業には二つの柱がある。一つ目の中心となるのは、心情の変化の読み取りであり、それに付随する場面の変化の読み取りである。

先に指摘した通り、小説文と言えば「気持ち」という印象が最初に出てくるほど、学校の小説文読解はもともと心情中心主義である。中でも「羅生門」は心情の読み取りをテーマとして授業を行いやすい教材だ。というのも、この小説には下人の心情の変化が明確に描かれているし、その心情変化自体が、主要なテーマの一つとなっているからである。とするならば心情中心主義読解を行ってきた学校教育において、定番教材にしやすい小説であるといえるだろう。

実際の授業ではその下人の心情の変化を板書していったり、ワークシートを用いて生徒に書きとらせたりするのが定番の方法のようだ。下人の心情の変化は場面の転換とも関係があるから、それと同時に場面がどのように推移するかについても読むことになる。

第二の柱となるのは、「エゴイズム」と「悪」の問題である。下人は最初、生きるために盗人になる決心ができずにいるが、老婆が死体の髪の毛を抜いているのを見た時には、悪を憎む心が起こる。しかし老婆は、自分が生きるために仕方なくその行為に及んでいるのだと考えているし、死人も生きるための「悪」を行ってきたような女だと自己弁護する。

その老婆の話を聞いた下人も、盗人となる決心をすることになるのだった。つまり「死体の女」「老婆」「下人」は三人とも自己のために他人を害する「悪」を行っている。ここから、「エゴイズム」の問題が議論できる。自分が死なないために行う「悪」は果たして「悪」なのだろうか。小説内部にその価値判断は示されていない。

最近の授業では、単に鑑賞するだけでなく、意見を発表させることが重視されている。ラストシーンを巡って意見を発表させたり、討論させたりといった授業も、よく行われているようである。

いずれにしてもこれは、道徳的教訓を議論しやすく、極めて学校現場的なテーマであると言えよう。

・「面皰」への注目

「羅生門」の下人は「面皰を気にしながら」雨が止むのを待っていると語られている。作品中、「面皰」は四度登場している。四回目では、その面皰から手を放し、老婆をつかんでいる。

多くの教科書や授業では、この「面皰」に着目させ、どんなことが読み取れるかを問う。面皰があるということは、まだ若いということである。つまり、「羅生門」はまだ若い男が、「生きるための悪」を選択するかどうか、その葛藤と変遷が描かれている物語だと読まれることになる。若さへ着目させるのは、高校生に自分たちの問題として共感させようという狙いがあるのかもしれない。

・ラストの書き換え問題

「羅生門」は最後の一文が最初に雑誌に載ったときと、現在のバージョンで異なることが知られている。現在のバージョンでは、最後の一文は「下人の行方は、誰も知らない」だが、初出では「下人は、既に、雨を冒して、京都の町へ強盗を働きに急ぎつつあつた。」となっていた。初出と現在のバージョンとでどう違うかを生徒に問うことが多い。

・今昔物語との対比

「羅生門」は『今昔物語』から着想を得て書かれたものである。余裕のある学校では、原作の『今昔物語』との対比も行われている。どのような点が変わっているかを考えさせるのである。

さて、簡単ではあるが定番教材「羅生門」の中でも、特に定番のポイントを抜き出した。では、なぜこれらが学習されねばならないのか。少し考えてみよう。

†心情を読むとはどういうことか

なぜ小説文読解では心情の読みが中心となるのだろうか。

小説は物語の一種であるが、物語とは「時間的展開のある出来事を語ったもの」と考えることができる。つまり「水は水素と酸素からなる」は、普遍的なことがらを表しているが、一回きりの出来事を書いたものではないし、時間的な展開、状態の変化は語られていないため、物語文とは言えない。一方、「王が戦争で死んだ」は、「王が生きている状態⇒死んだ状態」へと変化しているため、物語的な文である（もちろん、さすがに王が死んだことを表すだけでは、普通は物語とはみなさないだろうが）。

このため、小説文の第一の要素として、時間が展開していくこと、つまりは筋が展開していくことが挙げられる。面白いエンターテインメントの小説やドラマ、映画などを見ていると、先の展開が気になるだろう。これは、エンターテインメント作品において、読者や視聴者が第一に気にしている点が、筋の展開だからである。

小説文の第二の要素として挙げられるのが、登場人物の内面である。小説は原則として人間を描くものだが、人間はその物語の場面において、さまざまな感情を抱くし、思考をする。小説によっては、一切心情を書かないものも存在しているが、登場人物が出てくる以上は何も考えていないことや、感情を一切もたないということはありえない。何が起こっているかという事実の叙述と、その場面にいる人物の内面をどのように描くのかが、近代小説において重大な要素なのである。従って、授業においても入試問題においても、最もよく訊かれるのはこの二つである。つまり、「何が起こったのか」と、それに対して人物が「どのような感情を抱いたのか、どのように思ったのか」である。

小説において人物の内面が表されるのは大きな特徴の一つなので、それが問われるのは自然なことなのだが、それにしても小説文といえば「心情」というイメージになるほど、割合が多いように感じられるだろう。

これは、日本の近代における「文学」なるものが、人物の思考や感情を重視してきたことも関係している。より正確に言うならば「自我」なるものが重視されてきた。近代以前にも物語はあったが、そこで中心になっていたのは「何が起こったのか」という出来事レベルであった。もちろん、『源氏物語』にも登場人物たちの感情は盛んに描かれているが、「自我」や「自意識」とつなげる考え方は希薄である。

高校の教材の四天王は「羅生門」「舞姫」「山月記」「こころ」だと述べたが、これらではすべて主人公が思い悩んでいる。「羅生門」は主人公が自己の生存のために悪を行うかどうか悩んでいる話であるし、「山月記」は自意識の過剰から虎になってしまう話で、「こころ」も後半部分は「先生」の告白になっている。こういうものを中心に読んでいると、文学とは心情を描くものだと思いやすいし、心情中心主義の授業も行いやすい。しかも「羅生門」の場合、場面の変化と心情の変化がリンクしている。場面を読み取らせること、心情を読み取らせることを行いやすいのである。

登場人物を単に行動する人物としてでなく、「自我」を持った「主体」として取り扱うこと、その「主体」なるものを解釈し、論じることは、小説を扱ううえで自明なことであったと思われるし、それこそ文学だと思われていたのだろう。

さらに、上述したように、小説文は読者の感受性と結びつけられてきた。小説の中に描かれている情と、読者が感じる情は本来は別物として考えなくてはならないのだが、心情の部分に読者は共感をしやすい。共感できるとすればそれは感受性があるということになりそうである。そうした了解も暗黙の裡に作用し続けているのではないかと考えられる。

だが、文学とはそういうものだという前提はもはや存在していない。なぜ「心情」なるものの読み取りをさせられるのかと、批判されるのも仕方のないところだろう。

一説によると、他者について心を持った主体として認識できるのは人間だけであり、まさにこのことこそが人間が言語を用いるようになった理由だという（マイケル・トマセロ『心とことばの起源を探る』大堀壽夫他訳、勁草書房、二〇〇六年）。とすれば、国語を通じて他者の気持ちを慮れるようになるのではないかという発想もある。小学生であれば、物語を通じた情操教育に意味はあると思われるが、高校レベルにまでなるとどうだろうか。

文学の読み取りが他者の心の理解に役立つとするなら、文学研究者はよほど達者なのだろうと思うが、現実にはそんなことはない。恋愛も文学に盛んに描かれているのだから、異性の気持ちも考えられれば、スマートでモテるようにもなれそうだが、まったくそんなことはない。とはいえ、後に述べるように、小説や物語は人生そのものであることは確かだ。どのような考え方が可能なのか、さらに進めて考える必要があるだろう。

†原作から何が変わっているのか

「羅生門」を原作である『今昔物語』のエピソードと比べるのも、定番の授業であった。その違っている部分は、日本の近代小説の特徴でもあるので、これをあぶりだすことは、近代小説の特徴を指摘することでもある。

では、その原作と対比してみよう。なお、原作では「羅生門」ではなく「羅城門」となっているが、こちらが本来の表記で、「羅生門」は江戸時代以降の誤記だとされる。

今昔《いまはむかし》、摂津《つ》の国辺《くにのほたり》より盗《ぬすみ》せむが為に京に上《のぼり》ける男《をのこ》の、日の未《いま》だ明《あか》かりければ、羅城門《らせいもん》の下に立隠《たちかく》れて立てりけるに、朱雀《しゆうじやく》の方に人重《ひとしげ》く行《ありき》ければ、人の静まるまでと思《おもひ》て、門の下に待立《まちた》てりけるに、山城《やましろ》の方《かた》より人共《ひとども》の数来《あまた》たる音のしければ、其《そ》れに不見《み》えじと思《おもひ》て、門の上層《うはこし》に和《やは》ら掻《かか》つり登《のぼり》たりけるに、見れば、火髴《ほのか》に燃《とも》したり。

盗人、「怪《あやし》」と思《おもひ》て、連子より臨《のぞき》ければ、若き女《をむな》の死《しに》て臥《ふし》たる有り。其の枕上に火を燃《とも》して、年極《いみじ》く老《おい》たる嫗の白髪白きが、其の死人の枕上に居て、死人の髪をかなぐり抜き取る也《なり》けり。

盗人此《こ》れを見るに、心も得ねば、「此れは若《も》し鬼にや有らむ」と思《おもひ》て恐《おそろし》けれども、

「若し死人にてもぞ有る。恐《おど》して試《こころみ》む」と思《おもひ》て、和《やは》ら戸を開《あけ》て、刀を抜《ぬき》て、「己《おのれ》は、己は」と云《いひ》て走り寄《より》ければ、嫗手迷《まど》ひをして、手を摺《すり》て迷《まど》へば、盗人、「此《こ》は何ぞの嫗の此《かく》はし居たるぞ」と問《とひ》ければ、嫗、「己が主にて御《おはし》ましつる人の失《うせ》給へるを、繚《あつか》ふ人の無ければ、此て置奉《おきたてまつり》たる也。其の御髪の長に余《あまり》て長ければ、其を抜取《ぬきとり》て鬘にせむとて抜く也。助け給へ」と云《いひ》ければ、盗人、死人の着たる衣と嫗の着たる衣と抜取《ぬきとり》てある髪とを奪取《うばひとり》て、下走《おりはしり》て逃《にげ》て去にけり。

然《さ》て其の上の層《こし》には、死人の骸骨ぞ多かりける。死《しに》たる人の葬など否不為《えせぬ》をば、此の門の上にぞ置《おき》ける。

此の事は其の盗人の人に語《かたり》けるを聞継《ききつぎ》て此く語り伝へたるとや（『今昔物語集』小学館、二〇〇八年）。

芥川の「羅生門」との最大の違いは、男は最初から盗みをするために京に来たという点である。門の二階に上る理由も、人に見られないようにするためである。盗人はそこで若い女の髪の毛を抜いている老婆を目にし、鬼ではないかと恐怖を感じるが、刀を抜いて迫っていく。髪の毛を抜かれているのは、老婆の女主人であり、死んでしまって葬る人がいないために、ここに放置しにきたことが分かる。その髪の毛が長かったので、鬘にしようと思って抜いていたのだと言う。

羅城門は平安時代から鬼が出ると考えられていた場所である。その鬼が出る場所に死体がごろごろ転がっていて、しかも老婆が若い女の髪の毛を抜いている。怪談話になるのかと思いきや、そうではないことが判明するという話だ。それでも、主人の女を門に捨てにきて、なおかつ髪の毛を抜く行為は、平安時代でも驚くべき行為であり、だからこそ物語として語られているのだろう。

ここから分かる通り、原作では登場人物の「男」の心理の変化は描かれていない。恐怖を感じたことは描かれているが、最初から盗人と設定されているため、「盗人になるかどうか」という逡巡がない。老婆を見て「悪を憎む気持ち」も抱かなければ、その後、老婆を支配する気持ちにもならない。

老婆が髪を抜いている理由も、そうしなければ自分が餓死するからではない。「羅生門」では髪を抜かれている女の方も、生きるために蛇を干したものを干魚と偽って売るという「悪事」を行っていた女だったが、原作では女主人である。

原作の『今昔物語』のほうは、あくまでも「びっくりするような出来事」「普通ではない出来事」を記したものである。今でも私たちは大量に「面白い話」を読んだり聞いたり話したり見たりしているが、人間はそういうのが好きなのである。一方、芥川が行った改変では、下人に心理を与え、その変化を書くこと、「悪とは何か」を問う内容を明確にしている。まさしくこうした点が近代の日本文学で文学らしい文学とされてきた点なのである。

ちなみに、高校の定番教材の一つ、中島敦の「山月記」では、隴西の李徴がその自意識の高さからくる苦悩により、虎になってしまう。「虎」には孤高のイメージもあるし、自意識過剰の若者を描いた物語になっている。「山月記」の原作は中国の伝奇小説「人虎伝」(「伝奇」とは文字どおり「奇」なることを伝える物語である)だが、こちらの李徴は、不倫した挙句、親族に露見したために、一族ごと焼き殺して逃げたために虎になっている。ただの極悪人だ。自意識からくる苦悩はもちろん書かれていないし、孤高でもない。この違いからも、芥川の改変と同様のことを指摘できるだろう。

†説明ではなく描写がよい理由

授業では、下人の「面皰」に着目させることが多いのであった。近代小説である芥川の「羅生門」のほうが、原作よりも描写が細かくなっている。最初の場面から抜き出してみよう。

その代りまた鴉《からす》がどこからか、たくさん集って来た。昼間見ると、その鴉が何羽となく輪を描いて、高い鴟尾《しび》のまわりを啼《な》きながら、飛びまわっている。ことに門の上の空が、夕焼けであかくなる時には、それが胡麻《ごま》をまいたようにはっきり見えた。鴉は、勿論、門の上にある死人の肉を、啄《ついば》みに来るのである。――もっとも今日は、刻限《こくげん》が遅いせいか、一羽も見えない。ただ、所々、崩れかかった、そうしてその崩れ目に長い草のはえた石段の上に、鴉の糞《ふん》が、点々と白くこびりついているのが見える。下人は七段ある石段の一番上の段に、洗いざらした紺の襖《あお》の尻を据えて、右の頬に出来た、大きな面皰《にきび》を気にしながら、ぼんやり、雨のふるのを眺めていた。(『芥川龍之介全集I』ちくま文庫、一九八六年)

ここでは、下人を取り巻く状況の描写が比較的詳細に描かれていることが分かるだろう。伝統的な「物語」に対して、近代小説は情景描写を細かく行うようになったし、登場人物を「人格」として描くようになった。

もちろん、人物描写も細かい。原作では「年いみじく老いたる嫗の白髪白き」となっているものを「檜皮《ひわだ》色の着物を着た、背の低い、痩《や》せた、白髪頭の、猿のような老婆」と詳しく書き込んでいるのが分かる。これに付随して、近現代小説の読解では、単に「何が起こったのか」という出来事に着目するだけでなく、細かい描写など、筋以外の要素に注目した読み方をすることになる。

さて、教科書等では、下人の「面皰」に着目させるのが定番であった。面皰があるということは、下人は若いということである。ではなぜ、「若い」と書くのではなく、面皰を描くのか。ここが小説文のポイントとなる。

近現代の小説では、「説明するな、描写しろ」とよく言われる。「若さ」を表すのに、「若い」と書くのではなく、面皰を描く。夏の暑さを描くのに、影の濃さを描く。何か言いたいことがはっきりしていて、それを論述するだけであれば、小説の形を取る必要性はない。小説では、あくまでも具体的なエピソードや、その場面、もしくは人物を描くことによって伝えるのである。

私は国語表現の授業を担当するときに、このエピソード化について最初に練習させていた。例えば、「好きな異性のタイプ」を問われて、「やさしい人」と答えたとする。日常会話ではこれでいいかもしれないが、小説文としては面白くない。単なる抽象的な説明だからである。ではその「やさしさ」を具体的な一回のエピソードにしたてる、というのが課題である。例えばこんなエピソードにしてみよう。

三月一〇日に彼女が家に遊びに来ていたところ、学校から留年通知が届いた。不合格を示す星マークが並ぶ成績表を見て、彼女は「プラネタリウムみたいだね」と言った。

この場合、「やさしい」のような抽象的で一般的な言葉ではなく、一度起こった出来事として、エピソードとして「彼女」を描いている。テレビのトーク番組を思い出してほしい。「好きな異性のタイプは?」などと訊かれると、話の面白さで売っている芸人は、基本的にエピソードにして話す。つまり具体的な出来事にして話している。実はこれは、物語化しているのである。私たちはそういうのを面白いと感じる。小説と原理は同じなのだ。

†価値判断を行うのは読者

ところで、先ほどの作文は「やさしい人」というお題で作ったエピソードだ。だが、留年通知を見て「プラネタリウムみたいだね」という彼女を「やさしい」と取れるかどうかは判断が分かれるだろう。「冷たい」と読む人もいるだろうし、「頭が悪い」と読む人もいるだろう。「やさしい」と解釈するかどうかは、読者次第である。

解釈が分かれることは悪いことではない。むしろ、様々に解釈できるから小説は面白い。つまり小説においては、その出来事の解釈を書く側は一方的に決めない。解釈や価値判断を行うのは読者にゆだねる。だから、多様な解釈・価値判断が生まれるのである。

　ここで、ラストシーンの書き換えの問題を考えてみよう。

　初出のほうは、「下人は、既に、雨を冒して、京都の町へ強盗を働きに急ぎつつあつた。」となっており、下人がその後強盗になったことがはっきりと表されている。こちらのほうが明確な終わり方である。下人が強盗になったかならないかについて、解釈の揺れはなくなるが、依然として「生きるために悪事を働く」ことがいいか悪いかについての判断は残る。一方、「下人の行方は、誰も知らない」とすると、その後、下人がどうなったかについて様々な読みの可能性が開かれる。強盗になったかもしれないし、ならなかったかもしれない。

　では、書き換えた場合と書き換えなかった場合では、どちらがいいのだろうか。これは解釈ではなく、評価の問題である。研究者でも、初出のほうがいいという人と、書き換えたほうがいいという人に分かれるが、後者の方が多いかもしれない。私個人は初出のほうがいいと思う。「悪」そのものが際立って感じられるからだ。

　私たちは小説を読むとき、ただ解釈をするだけではない。常に評価もしている。むしろ小難しくいろいろと解釈を広げるより、直観的には「面白かった」「つまらなかった」のほうが先にくるだろう。小説について考えるには、解釈の問題と、評価の問題を考える必要がある。

†小説文の授業について生徒はどう感じていたのか

さて、ここまで定番教材「羅生門」の定番授業を見たうえで、その意味を簡単に考察した。

その際、教科書や指導書、指導案を参照したが、これらは教員側がどのような授業を行うか、何を学ばせたいかが書かれているものである。しかし学ぶ主体はあくまでも生徒であり、生徒側から見て、どのように受容されているかを常に観察できることが教師として重要なのは言うまでもない。

「学校の国語の授業はつまらなかった」という話はよく聞くが、実際のところどういう印象を抱かれているのかは気になるところである。そこで試みに、大学生（慶應義塾大学文学部一一名、早稲田大学商学部四二名、法政大学経営学部・法政大学法学部九〇名）に、国語の小説文の授業について振り返ってもらうアンケートを行ってみた。内訳を見て分かる通り、偏差値の比較的高い大学の学生に限られているので、あくまでも限定的な範囲ではあるが、「まじめに」勉強した層がどのように振り返っているかの傾向が少しは分かるだろう。

次のような設問を行った。

1　国語の国語総合、現代文等の「小説」を扱った授業について（予備校ではなく）

①　あなたは、高校の当該授業についてどう思っていましたか？

A　とても面白かった　B　わりと面白かった　C　ふつう

D　わりとつまらなかった　E　とてもつまらなかった

②あなたが①のように思った理由はなぜですか？　よかったところ、悪かったところ（苦情）などを率直に教えてください。面白い授業とつまらない授業があった場合には、その違いを教えてください。

†こんな否定的意見があった

アンケートには、当然のことながら「つまらなかった」とする否定的な意見と、「面白かった」とする肯定的な意見が出て来たが、否定的な意見にどのようなものがあるのかを整理しよう。

まず、次のような意見が多かった。

丸読み（指名された生徒が次の句点まで読み、次の句点までを次の生徒が読んでいく方式の音読）や段落ごとに音読させるとき、自分に回ってこないと寝た。（早稲田大学商学部・女）

やたら音読するだけで終わったからつまらない。（法政大学経営学部・男）

小説は面白かったが、授業はだらだらと進むので寝ていた。（法政大学経営学部・女）

日本の教室空間では、生徒を指して文章を音読させることが多い。文を音読する意味はあるものの、高校生レベルになると生徒側の評判は最悪である。教師側の論理としては、音読させることによって読めない漢字や言葉が明らかになって、効果があるということになるのだが、受けている側からすると退屈極まりないのである。黙読すればすぐに読めるものを、なぜわざわざだらだら聞いていなければならないのか、となる。

私も教員になってから初めて知ったが、教員は授業中気を配ることが多いので、まったく退屈しない。このため、へたをすると生徒の退屈に鈍感になってしまう。音読させると、自分に回ってこないことが分かる生徒は寝てしまうが、退屈なのだからしかたがない。アメリカなどの帰国生によると、授業中に音読はありえないと言う。家で読んできたのが前提で授業が行われるというのである。

生徒側からすれば、四〇人ほどもいるクラスの一人が本文を音読する授業の場合、「ただ読んでいるだけ」という印象になりやすい。

アンケートの否定的意見には、「ただ読んでいるだけ」と生徒に思われているケースが少なくなかった。例えば、次のようなものがある。

黒板に出来事や気持ちをただまとめるだけで、つまらなかった。（慶應義塾大学文学部・女）

授業で小説をやってもほぼ参考書に答えがあって、小説がカリキュラム化されているので、授業に出ても出なくても一緒。（慶應義塾大学文学部・女）

教員の作った指導案などを見ても、現代文の授業では出来事の要点や気持ちを板書していくのが一般的な方法になっている。

確かに、極めて退屈である。

それだけだと「ただ読んでいるだけ」という印象になってしまうだろう。逆に、次のようなコメントも多数あった。

作者の背景などを日本史と絡めて教えてくれる先生の授業は面白かった。ただ淡々と文章についてだけやる先生の授業はつまらなかった。(法政大学法学部・男)

担当の先生の授業が分かりやすく、雑学的なことを交えながらだったから面白かった。(法政大学法学部・男)

その作品の背景知識や解説をしてくれて面白かった。(早稲田大学商学部・男)

やはりただ淡々と文章を読んでいるだけでは「つまらない」と判定され、背景知識や関係する知識が加わると「面白い」と感じる生徒が多いようである。好奇心を持つ生徒にとっては、知識の投下は良い効果を生む。一方でこうも言える。雑学的な知識は、面白さが「分かりやすい」のに対して、単に文を読むだけでは、面白さが分かりにくいということになる。
もちろん、教師はこう反論するだろう。ただ読んでいるだけではない。「解釈」をしているのだと。しかしこの「解釈」を巡っても否定的意見が非常に多い。

†解釈の押しつけが嫌だ

国語の小説文に関する批判で、必ず挙げられるのが、「自由に解釈していいと言いながら、正解が決まっている」というものである。今回のアンケートでもやはりそれは挙げられた。

小説に対する感じ方はそれぞれなのに、一つの答えを強要されるのが好きではなかったので、授業はほぼ聞いていませんでした。私は先生のオリジナル問題で、先生の考えと私の考えがまったく合わなかったので嫌いでした。（慶應義塾大学文学部・女）

自分が小説が好きなので、いろいろな小説に触れられることがまず面白かったです。ただ小説の読み方を講義して、一つの方向に向けていくというのは間違っている気もします。あと現代文の小説に関する試験は、論述の採点でなんで差がつくのかが不可解で

した。先生自身の解釈や、経験にもとづく考えを語ってくれる授業はおもしろかったです。（慶應義塾大学文学部・女）

これは比較的小説文を読む力がある大学生の意見である。解釈は多様であるはずなのに、なぜか特定の解釈を強要する授業が少なくないようで、そうした授業を行ってしまうと、小説が好きな生徒の反発を買うことになる。

また、より根元的な批判に、教師は解釈を述べるのに、その解釈の仕方は教えてくれないというのがある。

内容だけ読んで心情がどうこうとかの解釈だけしているのはつまらない。気持ち等はこっちでも読むし、押しつけられても仕方ないので、文構造とかつながりとかの理論的な部分をしっかり教えてくれると楽しかった。（早稲田大学商学部・男）

作品自体を解説する授業はあったが、より普遍的な「小説」の読み方を習うことがなかったので、どのように勉強すればよいのか分からなかった。（法政大学経営学部・男）

国語小説文の問題点はまさにここにある。ただ読むばかりであって、読む技術を教わった気がしないのである。おそらくこれは、予備校など入試対策の国語と比べてのことであろう。入試対策では、点を取るための技術を教える。何をやっているかが分かりやすいし、点数にもつながるから、満足を得られる。

さらに辛辣なコメントを見てみよう。

国語学習を通して、生徒がどういう力を身につけてほしいとか、どうなってほしいとか、どう授業を受けてほしいとか、そういうものがなかった。公立高校あるあるの、毎日の授業が作業化している先生が嫌い。（法政大学経営学部・男）

以上、小説を扱った現代文の授業を「つまらない」と感じる典型的な意見をまとめれば、「ただ読んでいるだけ」「解釈を一つに決めようとする」「何の力をつけようとしているのか分からない」「普遍的な理論がない」などとなるだろう。もちろん、このアンケートはある程度学力上位の学生にしかとっていないものなので、偏りはある。「ただ読んでいるだけ」の文章そのものを読む力が不足している生徒をどう伸ばすかはまた別問題だろう。

日本語の現代文は、外国語とは異なり、教わらなければ読めるようにならないというものではない。ほとんどの人は日々文章を読むことによって読む力を獲得している。そうなると、ただ書かれている内容をまとめるだけでは、「ただ読んでいるだけ」のような感じがしてしまう。何かの力がついた感じもしないし、知的好奇心が満たされることもなければ、入試の点数アップにもならない、ということになってしまう。

そこで次章以降では、「ただ読んでいるだけ」から一歩進んで小説理解のあり方、解釈の仕方について、考えていくことにしよう。

第二章　小説を読むことの意味を問う

†「書かれていること」以上の読みはどうやったらできる？

現代文の授業では小説を「読解」することが行われている。「ただ読んでいるだけ」との印象を生徒側にもたれてしまうと、その授業は面白くなくなってしまう。

小説文はしばしば、「解釈」もしくは「鑑賞」をするとされる。「鑑賞」のほうは、その小説文をいいものとして認めたうえで、その良さを「味わう」というニュアンスがある。「良さを味わう」という態度の問題点については次章で詳しく述べることにして、ここでは小説を「解釈する」ことを考えてみよう。

文章を理解するには、まず「書かれていることの意味」「文字通りの意味」を理解することになる。しかし、「文字通りの意味を理解する」とはどういうことだろうか。簡単な例から考えてみよう。

女は、家に帰ると玄関で傘を広げて乾かした。

ここに書かれていることは単純で、誤解の余地はないように思われる。だが、実際に小説文を読むとき、本当に「文字通りの意味」だけを読んでいるかというと、そんなことはない。書かれていることよりも、多く読んでしまうのが私たち人間なのである。

まず、「女」とあるが、この文だけではどんな女かは書かれていない。年齢も不詳だし、体形も職業も分からない。しかし、一〇歳の少女だと考えたら、おそらく多くの人は誤りとみなすだろう。その場合「女の子」などと書かれるはずであり、「女」とはならないからだ。

「玄関」はどのような玄関かも分からない。和風の玄関なのか、洋風なのか。狭いのか広いのか。靴がたくさん並んでいるのか、何も置かれていないのか。そのあたりはこの段階では自由に解釈できる。ここでは情報が極めて少ないが、読者は自分の経験に照らし合わせ、典型的なイメージを作り上げているはずだ。普通のサラリーマン家庭に育った三〇歳程度の日本人なら、自分が育ったような家が典型的イメージになっている可能性が高い。

「傘を広げて乾かした」ということは、傘は濡れているということである。濡れていなければ「乾かす」ことはないからである。何を当たり前のことを、というかもしれないが、これも書かれている情報ではない。

このように、私たちは文章を読むとき、常に書かれていること以上をも解釈して読み込んでいるのである。それでは、さらに解釈を広げてみよう。

傘を広げるという行為から、普通の読み手は「雨」を連想するはずである。「雨」などとはどこにも書かれていないが、傘を使うのは雨が降っている時か、日差しを遮る時であるという知識を私たちは持っている。濡れているからには前者に違いない。この程度の解釈ならば、瞬時に読み込んでいるだろう。

それでは、次のように解釈をしてもいいだろうか。

外は雨が降っている。

妥当である可能性は高い。そのようにイメージした読者も多いだろう。だが、ここでは「広げて」とある。会社から駅までの間では降っていたが、最寄りの駅についた時にはすでにやんでいたかもしれない。もちろん、入り口のところでいったん閉じて、玄関で開きなおすことも多いから、雨は依然として降っているかもしれない。

あるいは、こう考えたらどうだろうか。女はたいへんずぼらな性格で、前日雨に濡れた折り畳み傘をたたんだまま玄関に放置していた。帰宅するとそれが目についたので、開いて乾かした。この辺りまでくると、深読みになる。しかしそれでも、女は実は暗殺者で、殺害するときの返り血をいつも傘で防いでおり、それを乾かしているのだ、と読むよりははるかに妥当である。言語にするとは、一種の抽象化だ。「女」にしても「傘」にしても現実世界にはものすごくたくさん存在しているし、「乾かす」行為についても、その理由は一つではない。だから「書かれていること」の解釈可能性は常に広がっている。

しかし私たちは、与えられた文を、まずは典型的な例に当てはめて解釈する。典型的な例のことを、プロトタイプと呼ぶ。外で雨が降っていて、濡れた傘を乾かす、というのが、上の例のプロトタイプ的な読み方である。

さて、この女が持っている傘はどんな傘だろうか。ビニール傘か、折り畳み傘か、それとも花柄の傘か、水玉の傘か。現時点では不明である。もしこれに「電車を降りると、雨が降っていたので、駅前のコンビニで傘を買ったのである」と情報が追加されているなら、この傘はビニール傘か、安い折り畳み傘であると解釈するのが妥当になる。換言すれば、それがプロトタイプということだ。私たちはコンビニに売っている傘がたいていその二種類であることを知っているからである。ルイ・ヴィトンの傘だと読むのは限りなく誤りに近い。

もしこの傘がコンビニで買ったものでなくて、ルイ・ヴィトンの傘であると書かれていたらどうだろうか。女性はお金持ちであるか、無理してでもブランド物を持つタイプの女性だと解釈するのが自然だろう。前章で「若い」を表すのに「若い」と書くのではなく、芥川は面皰を描写していることを指摘した。小説文では、様々な描写をし、つねに読者に対して解釈を迫るのである。

今みたように、私たちが文の意味を解釈するときには、単に文字通りの意味を解釈しているだけではない。常識に属する知識や、「傘→雨」のような関連事項などを含めて読解している。また、私たちは文を場面の中で解釈する。先ほどの文では、場面の設定はなかった。日本人読者のプロトタイプ的読みでは、舞台も日本と考えたに違いない。

だが、もしこれが「夏のドバイの高層マンションで」という場面であったならば、読み方は同じではなくなる。雨が降らないはずの夏のドバイで傘を乾かしたのはなぜなのか。雨が降っているとしたら異常気象だし、雨が降っていないとするならば、なぜ乾かす必要があるのか、と解釈できることになる。しかし、この読みを行うためには、「夏のドバイでは雨が降らない」という知識を持っていなければならない。

前章でも触れたとおり、私たちは単に解釈するだけでなくて、読みながらその評価も行っている。「若い女がルイ・ヴィトンの傘を広げた」と書かれていて、それを「いけ好かない」と評価する人もいるだろうし、そうでない人もいるだろう。しかし「屈強な男が水玉の傘を広げた」と書かれていたら、同じ評価を下す人は少ないだろう。その場合はどのような解釈・評価が得られるだろうか。

†「読み」のブレが起きにくい作品

「書かれていることを読む」「文字通りの意味を読む」といっても、実際にはそれ以上を解釈していることをみた。とはいえ、プロトタイプ的な解釈は、同じ文化圏の作品を同じ文化圏の読者が読む場合、それほど大きな差は実際のところ出にくい。

授業でまとめる場合、この「プロトタイプ的解釈」がまとめられていることが多い。そうなると、「ただ読んでいるだけ」という印象になりがちである。書かれていることを読むだけでせいいっぱいの層ならそれでもいいが、ある一定程度の生徒は退屈に感じるだろう。

「羅生門」で主要なテーマとなっている心理の変遷は、「書かれていること」に属する。雨が止むのを待っている段階で下人は「途方にくれて」おり、上に登った下人は「六分の恐怖と四分の好奇心」から行動し、老婆を見た時には「はげしい憎悪」を抱く。老婆の話を聞くと、「ある勇気が生まれて来た。それは、さっき門の下で、この男には欠けていた勇気である。そうして、またさっきこの門の上へ上って、この老婆を捕えた時の勇気とは、全然、反対な方向に動こうとする勇気である。」と語られる。

こうして抜き出してみると、芥川はかなり明示的に下人の心理の変遷を描いていることが分かる。ここに異論をはさむ余地はない。また、次のような老婆の描写はどうか。

下人はとうとう、老婆の腕をつかんで、無理にそこへ扭《ね》じ倒した。丁度、鶏《にわとり》の脚のような、骨と皮ばかりの腕である。

老婆は骨と皮ばかりだとあるから、痩せていることが分かる。この描写からは、老婆も餓死しそうな状態であることが分かる。「餓死しそうだ」とは直接書いていないが、この解釈も異論をはさむのは難しい。学校教育レベルで取り扱っているものや、試験で問われる解釈は多くはこのレベルである。

冒頭部分の描写もみてみよう。

その代りまた鴉《からす》がどこからか、たくさん集って来た。昼間見ると、その鴉が何羽となく輪を描いて、高い鴟尾《しび》のまわりを啼きながら、飛びまわっている。ことに門の上の空が、夕焼けであかくなる時には、それが胡麻《ごま》をまいたようにはっきり見えた。鴉は、勿論、門の上にある死人の肉を、啄《ついば》みに来るのである。

鴉が描写されているが、ここでは死人の肉を啄みに来ると説明されている。もし「鴉は、勿論、門の上にある死人の肉を、啄みに来るのである。」と書かれていなかったとしても、鴉は死肉を食べに来ていると読むのが妥当である。

また、鴉は日本では不気味さを表す。死人を啄んでいるのだから、それはなおさらである。状況設定として不気味さを出しているのであり、それは続く場面での老婆の導入を自然にしている。鴉に「不気味さ」のイメージがあるのは、文化的に設定されていることであり、このように同時に意味してしまうイメージのようなものをコノテーションと呼ぶ。

現代の読者はあまり知らないが、かつて「羅生門」には、「鬼が棲んでいる」というコノテーションがあった。だからこそ下人は最初老婆を「鬼」ではないかと疑うのである。

小説のテーマの解釈はどうだろうか。「羅生門」が下人の心理の移り変わりを中心にしているのは、明瞭である。また、素直に読んだならば、生きるために悪事を行うのは悪かどうかが、主要なテーマとなっている。伝統的に、このテーマは「人間のエゴイズム」と呼ばれてきた。生きるために悪事を行うことを「エゴイズム」と呼ぶかどうかは議論できるかもしれないが、「羅生門」は比較的読みのぶれが少ない小説である。次章で詳しく論じるが、「羅生門」はテーマが先行しているタイプの小説であり、各所で詳しく解説を加えてしまっている。読みのぶれがおきにくいのはこのためである。

一方、「エゴイズムはよくない」ということを描いている、とまで踏み込んでくると、話は別である。少なくとも「羅生門」本文ではそれを肯定しているわけではない。むしろ「生きるためならそれぞれ悪事を働くのは悪ではない」との読み方もできる。価値判断は下されていないのである。

さて、授業への不満として普遍的な理論や法則がないというものがあった。小説をはじめとする「文学」とはそもそも何なのか、とか、どんな読み方ができるのかといったこと、つまり「普遍的なもの」は「文学理論」という分野で考察されてきた。本書ではそれほど詳しくは扱えないが、文学理論を踏まえて、小説を「解釈」する方法について、どのようなものがあるか、いくつか示してみよう。

†作者・芥川龍之介からの解釈

伝統的には、作品を決定するのは作者だと考えられていた。このため、作者を知ればその作品のこともよく分かるだろうと考えられた。小説は作者が書くものである以上、確かに作家の実人生や考え方とリンクしているのは間違いない。

芥川は、「羅生門」執筆の前に、大きな失恋を経験していた。人に宛てた書簡の中に、この失恋の打撃が書かれているほか、「イゴイズムをはなれた愛があるのかどうか」と書かれている。「羅生門」の本文には、「エゴイズム」という言葉は出てこないが、「エゴイズム」がテーマだ、と言われるようになったのはこの書簡の影響が大きい。

人間が「エゴイズムから離れることができない」、というところから芥川が出発したと考えるなら、「羅生門」はどう読めるか。下人は自分のエゴによって盗みを働くことには躊躇していたが、老婆との会話を機に、盗人になる。つまりそこでエゴイズムを獲得したと読むことができる。これを芥川に当てはめると、作者芥川の「自己解放の物語」と読むことになる。深読みをするならば、他者のエゴイズムによって打撃を受けた芥川が、自らのエゴイズムも認識し、ある程度のエゴイズム肯定を表明した小説とも読めてしまう。

こうした読み方が間違っているとは言えない。下人が生きるために悪事を働くというエゴイズムを獲得したと読むのは、芥川の伝記や書簡を考慮に入れなくても妥当である。しかし、その作品自体を離れて作者から作品の読み方を決めるのには、問題もある。

まず読者にとっては、作者がどういうつもりで書いたとか、執筆に至る経緯といったことは、知ったことではないということだ。作品として作者の手から放たれているのだから、それを読んだだけでどこまで理解できるかが第一に重要なはずである。また、作者の実人生から作品の意味を決定づけてしまうと、多様な読みを阻害する場合や、過剰に読みこんでしまう危険性がある。「羅生門」は、生きるために悪を働くことについて、善悪の判断を下していないが、執筆状況からみて「自己解放」と読み解くと、それを一義的に決定づけることになる。もちろん、そういう読み方をしてもかまわないが、それだけに限定することは正しくない。

ある研究者は、芥川が一高時代に徳富蘆花の「謀反論」に影響を受け、「羅生門」も謀反を書いた小説であるとまで読んでいる。だが、「謀反論」の影響を受けていた形跡があるからといって、「羅生門」に謀反を読み取るのは、明らかに過剰な解釈であろう。要するに、実人生にとらわれ過ぎると、色眼鏡をつけて読むことにもなりかねない。

現在は、作家の実人生と結びつける仕方、特に強引に解釈を決定してしまうことは、あまりされなくなっている。ただ、日本の近代文学は人生そのものが描かれている場合も多い。人生と小説を考えるにあたって、小説と実人生を合わせて考えることも、無駄ではないだろう。

†「作者」から「語り手」への視点のスライド

前章で述べたが、日本での文学は「自我」や「主体」と関連付けられてきた。文学なるものがまだ教養として力を持っていたころは、それは思想や人生そのものとも大きくかかわるものだった。作家の実人生から作品を読むだけでなく、逆転して作者自身がどのような人物で、どのような思想を持ち、どのような人生を歩んだのかも解釈された。

確かに私たちは、作品を読んでその作者がどのような人物であるかも想像してしまう。中島敦の小説を読んでいると、「世間に認められない孤高の男子」という感じがして、青春真っただ中の男子高校生などが共感したりする。最近売れている作家で言えば、例えば森見登美彦の作品を読むと、「憧れの女子を追いかけているモテない男」の視点から書かれているため、作家の森見自身がそういう大学時代を送ったのではないかと想像してしまう。これこそ「作者の気持ちを考える」作業である。

おそらく、芥川や中島敦の小説を読んで、現実の芥川自身や中島敦自身の人生や気持ちを考えさせる授業は、ほとんど行われていないはずだ。「作者の気持ち」は、問われてはいないが、小説を読む私たち自身が想像することなのである。

作品外にいる「作者」と作品を結びつける方法は、日本でもすでに何十年も前に批判にさらされた。中島敦を読むと孤高でモテない作者を想像しがちだが、現実の中島敦がそうだったかどうかは分からない。森見登美彦もモテモテの大学生活を送っていたかもしれない。それは作品にとっては本質的なことではない。

このため現在では、小説作品内の文章は、現実の「作者」ではなく、作品内の「語り手」が語っていると考えるのが普通である。日本文学の研究では、「語り手」がどのような人物か、その「語り手」なるものがどのように屈折して物語を語っているかなどがよく話題となっていて、日本文学の共同体に属していない私には奇異に映る。

おそらく、日本の近代文学ではもともと「自我」なるものが表されているものが多く、そういうものが典型的な文学と考えられてきた。このために文学研究でも、その「作者」なるものがさかんに解釈された。「作者」と作品を直接的に結びつけることが批判されたものの、それが「語り手」へとスライドしたのではないかと私は見ている。

†読者はどのように読み取るのか

作者の実人生から作品を解釈するのと逆の立場と言えるのが、読者論である。

しばしば、批評や解説文などを読んで、「そんなこと作者も考えていないのではないか?」と思ったことはないだろうか。プロが書いた文章で「深読みしすぎではないか」と感じることはないだろうか。このような考え方は、暗黙裡に二つのことを前提として持っている。一つ目は、作品の意味は、作者が決定づけているという前提である。二つ目は作品の意味あるいは意図は決まっていて、読者はそれをきちんと読めるか読めないかのいずれかであるという前提である。

この前提には問題がある。まず、作者は本当に作品のすべてを決定できるのかという問題である。小説は言葉からできているが、言葉は、誰か一人の心をそのまま投影するものではない。それは個人と個人の間に存在するものである。そうでなければ通じない。そして、この個人と個人の間に存在している言葉自体を、作者が作り出せるわけではない。いわば既製品を使い、それを組み合わせて作り上げるのである。

ある作品は、既製品である言葉を組み合わせて作り上げられるものである。その既製品を糸にたとえるとすると、その作者の外側にある糸を組み合わせてできる織物が作品である。このため、文学の世界では作品と言わずに「テクスト」という言葉を使うことが多い(テクストとは織物の意味)。どこから来たか分からない来歴不明の糸を組み合わせて織るのであって、ある個人の独創からなるものなど、存在していないのである。

「羅生門」でも、「エゴイズム」が描かれているとして、エゴイズムという概念は芥川が作ったものではなく、最初からある概念である。羅生門に鬼が棲むというのも文化的に既成概念だし、そもそも羅生門で老婆が髪を抜いていること自体、芥川の独創ではない。このように考えるならば、すべてを決定づける存在としての作者を考え、その作者さえ明らかになりさえすれば、作品の意味がすべて分かると考えるのは、誤りだということになる。

また、作品には最初から意味が決まっていて、読者はそれを受けとるだけだとなると、一旦その意味が発見されてしまったならば、その作品は味のなくなったガムのようなものであって、もはや価値がなくなってしまうとも言うことができる。「羅生門」の秘密など、すでに完全に暴露されているのだから、それを読む意義も薄れてしまう、ということにもなりかねない。

読者論はそこで、「読者がどのように読みうるか」を問題とする。その理論的な支柱となったのがヴォルフガング・イーザーの『行為としての読書』（轡田収訳、岩波書店、一九八二年）である。イーザーは、テクストの意味とはあらかじめ決定された何かではなく、作用であると考えた。作用とは簡単にいえば、読者に働きかけるということである。テクストに働きかけられた読者は、そこで何らかのイメージを作り出す。単にテクストがあるだけでは意味をなさず、読者の主体的な参与があって初めて生まれるのである。このようにイーザーは、意味とはテクストの記号と読者の理解との相互作用の産物であると考えたのである。

このような立場を取るなら、作品の「唯一の正しいテーマ」や解釈を決定するのは意味のない行為であり、より自由な解釈の可能性が開かれることになる。ただし、よく誤解されるように、読者はどんな勝手な読みをしてもいいということではない。テクストが完全に決定するわけでもないし、読者が完全に決定権を持っているわけでもない。あくまでもその中間である。

読者論では、それまで気づかなかったテクストの細部や、新たな読みの可能性が開かれる。また、時代の異なる文学や、外国の文学を読むときにも、その時代や外国のことを知らなければ読めないということにはならない。知らないなら知らないなりの相互作用が生まれ、そこに面白さも見出すことができることになる。ちくま新書で言えば、石原千秋『大学受験のための小説講義』(二〇〇二年)などが、この読み方に近い立場で読んでいる。

†物語論(ナラトロジー)という別の読み方

生徒の不満に、普遍的な読み方や、読みの技術が示されないというのがあった。この点、予備校の授業のほうが人気が出やすい理由でもある。予備校の授業には、入試で点を取るという明確な目的がある。その明確な目的のためにどうしたらよいのか、テクニック・技術を教える。そうした参考書を見ると、小説の読みも「論理」であることが強調され、主観を挟んではならないことが書かれている。勘違いしてはならないのは、そうした読み方は普遍的な読み方でも論理的な読み方でもなく、あくまで点を取るための論理である点である。それでも、目的が示され、方法が示されており、結果も伴うほうが、人間は面白く感じるものである。

一方、学校の授業では漫然と読んでいるように感じられる。目的が分からないし、結果が出ているかも分からない。不満を持つ生徒が多く出るのは当然であろう。

小説なるものがどのようなものかについては、私の専門とする物語論（ナラトロジー）の理論などを学習しても、分かるようになるだろう。物語論については、すでに『ナラトロジー入門』（水声社、二〇一四年）や『物語論　基礎と応用』（講談社選書メチエ、二〇一七年）で書いているが、ここでも簡単に紹介しよう。

一九六〇年代から七〇年代（日本では八〇年代）に流行した物語論では、小説の一般的な構造の記述が目指された。その理論が明らかにしたのは、いわば小説の設計図である。音楽でいえば、楽譜のようなものだ。楽譜が読めなくても音楽を聴くことはできるが、理屈ではなく直感的に聞いているだけだ。楽譜を知るとは、どのように音楽ができあがっているかを知るということである。

学校の小説の授業も同様で、それがどのようにできあがっているかに関してはほとんど触れられていない。物語論を導入すると、それがある程度分かるようになる。ここでは「羅生門」を物語論から見ることによって、小説の技術的な読み方を一つ提示しよう。

まず、物語には語り手が設定され、その語り手が語ることによってテクストができあがる。この語ることを物語行為と呼び、物語行為によってできるテクストを物語言説と呼ぶ。「羅生門」で言えば、物語言説とは「羅生門」の本文である。そして、その物語言説が表している内容が物語内容である。物語論では、同じ物語内容でも、異なった物語言説で表すことができると考え、それを分類していく。

小説世界には、基本的には登場人物がいて、何か出来事が起こる。出来事が起こるということは、時間が経過し、何かが変化するということである。従って、小説をどう展開させるのかと、小説の時間をどのように表現するのかは、非常に重要な要素となる。根幹中の根幹と言ってもいいだろう。

では、小説はどのように展開していくのだろうか。私たちは、出来事を因果関係の連鎖として認識している。Aが起こったためにBが起こり、Bが起こったためにCが起こるといった具合である。たいていの小説文も、このように因果関係の連鎖として展開していく。

しばしば、映画や小説を見て、「何がいいたいか分からない」と思ったことはないだろうか。それはたいてい「何がいいたいか分からない」のではない。エンターテインメントを見てそう思うことはないだろうが、ほとんどのエンターテインメントに「いいたいこと」、つまりは何らかのメッセージはそう多く含まれていない。せいぜい「努力、友情」くらいである。

「何がいいたいか分からない」というのは、実は通常の物語にある因果関係が分からないということなのである。日常生活を断片的に切り取って並べてみることを考えてみよう。四時間目に国語の授業を行い、家に帰る前に中華料理屋でラーメンを食べ、家の前で野良猫を追いかける、という三つの出来事を並べた文章を作ったとする。私たちが普段の生活で行っていることは、このように特につながりのないことであって、そうしたものを切り取って並べてあるだけでは、なぜそれが並んでいるのかが分からない。すると「何をいいたいのか分からない」ということになる。

多くの小説文では出来事を因果的に結ぶ。そこで語られる出来事は何らかの理由があって結合されていると考えられている。「羅生門」の展開はまとめてしまえば、「行動を決めかねていた下人が、死人の髪を抜く老婆にあったことによって、盗人になる物語」となる。下人の行動、心理の変化は、この主題に関連した出来事の連鎖として読まれるのである。

小説の展開は、エンターテインメントでは特に重要で、読者は次にどのような変化がおとずれるのかを最も気にしている。そのためには読者をじらし、緊張感を持たせなければならない。「羅生門」はエンターテインメント小説でないこともあって、展開のさせ方はあっさりしており、緊張感はそれほどない。エンターテインメントのホラーであれば、老婆の正体についてもっと想像させるだろうし、下人の恐怖をもっと描けば、緊張感を持ち込めるが、そうはしていない。

とはいえ、老婆を見つけるくだりでは、あえて老婆の叙述をする前に、その周囲の状況を描写している。下人が楼の内側を見るシーンは次のようである。

見ると、楼の内には、噂に聞いた通り、幾つかの死骸《しがい》が、無造作に棄ててあるが、火の光の及ぶ範囲が、思ったより狭いので、数は幾つとも分からない。ただ、おぼろげながら、知れるのは、その中に裸の死骸と、着物を着た死骸とがあるという事である。勿論、中には女も男もまじっているらしい。（中略）

下人の眼は、その時、はじめてその死骸の中に蹲《うずくま》っている人間を見た。檜皮色《ひわだいろ》の着物を着た、背の低い、痩《や》せた、白髪頭の、猿のような老婆である。

このように、老婆発見まで、楼内の不気味な描写がしばらく続いている。よく考えてみると、この描写はおかしいことに気がつくだろうか。ここの描写は、「火の光の及ぶ範囲が、思ったより狭いので」とあるように、火の光に照らされている範囲を下人が見ているわけである。ではその火は誰が持っているかというと、老婆である。光の中心である老婆が真っ先に目に入るのが人間の認知システムとしては正常なはずだ。だが、ここで語り手はまっさきに目につくはずの老婆をすぐには書かずに、周囲を描くことによって、下人による老婆の発見を遅らせている。

その前の段落で謎の火の光を導入しているため、読者としてはその正体が気になるところである。「火の光」が導入された段階で、読者はその結果を予期する。その期待されたものを、すぐに出してしまうよりも、発見を遅らせたほうが緊張感が出る。周囲の描写から始めるのはこのためだと考えられる。

†時間を進める文と進めない文

小説文中、行動を表す文や、「電話が鳴った」のような文は、時間を展開させる。一方、状況や人物の描写、説明は時間を展開させない。描写や説明は、小説の雰囲気を形作るものである。エンターテインメントに比べ、文学的な小説ではこの時間を進めない方の叙述の読み込みも重要となってくる。冒頭部分で、芥川は鴉の描写を行っているが、これによって不気味な雰囲気が醸し出される。老婆の描写からは、老婆もまたそれほど食事をとっていないことが分かるし、下人の面皰の描写からは年齢が分かる。

時間に関しては、語る順序と、叙述の速度をどのようにするのかも重要である。小説では、物事が発生した順番に語る必要はなく、基準点よりも過去のことを語ったり、未来のことを語ったりすることもできる。「羅生門」は短編ということもあり、語る順序は時系列通りである。叙述の速度とは、ある一定の時間をどの程度の長さで書くかである。一分の出来事を何ページにもわたって書くこともできるし、逆に要約的に一日の出来事を一段落で書くこともできる。どこの部分を要約的に書き、どこを詳細に書くのかによって、印象は異なってくる。

「羅生門」で中心を占めるのは、下人と老婆のやり取りである。このため、楼内をのぞいてから先、わずかな時間にかなりの文字数をかけている。このためその時点が詳細に描かれている。そのメリハリも重要である。

†誰の視点から書くのか

論説文の場合には、本当は誰かの視点から書いているものでも、いちおう客観的に書いているふうを装う。小説の場合には、完全に客観的な語り方はむしろまれであり、誰かの視点から世界が描かれるのが普通である。つまりは、誰かの主観を反映している。主観的な文は、悪い文だと思い込む生徒もいるかもしれないが、そうではない。世界は常に主観から把握されるわけだから、そうした世界把握の仕方を提示する小説文の方法も、誤りではない。

「羅生門」の視点の取り方は単純で、語り手が下人を語る文と、その下人を視点人物として語る文からできている。下人視点なのは、例えば「見ると、楼の内には、噂に聞いた通り……」のような文に続いて、楼の中が描写されていることからも分かる。「見ると」というのは、下人が見ているのであって、その中にいる老婆は常に下人の意識から描かれる存在である。

このように、誰かの知覚から語られる場合、その人物に内的焦点化しているという。視点ではなく、焦点化と言うのは、視覚以外の知覚もあるからである。「羅生門」でも下人は死骸の腐乱した臭いに鼻を覆っている。一方、誰かの視点から見られるのは外的焦点化という。老婆は外的焦点化された存在ということができる。

小説や映画を見るときには、誰の目線からなのか、誰の立場から描かれているのかを常に気にしなければならない。

†内面を書くのか、書かないのか

小説の特異な点は、人物の内面に自由に入ることができる点である。誰の内的思考や感情を表出するのか、あるいはしないのかも重要である。内的思考や感情が表される場合も、内的焦点化という。下人の心理がテーマとなっている「羅生門」では、当然下人の心理が表出される。一方で老婆は会話文で自分の考えを語ってはいるが、内面には入っていない。外側から観察できることのみである。

「羅生門」の下人の心理は、明確に説明されている。しかし直接説明しなくても、場面で表現する場合もある。下人に支配された老婆は「老婆は黙っている。両手をわなわなふるわせて、肩で息を切りながら、」と描写されている。これは外側から観察可能なことのみを描いているが、恐怖を抱いていることは明らかであろう。

以上のように、語り手がどのように語るのか、展開のつけ方はどうなっているのか、時間をどう進めているのか、要約的に書くのか詳細に書くのか、どのような視点から描くのか、内面を書くのか書かないのか、といった小説の「形」に着目すると、新たな発見があるだろう。

最近、テレビのバラエティー番組で俳句の添削をするコーナーが大人気だという。現行の学校教育では、俳句を作らせることは作らせるが、その作り方はほとんど教えられていない。このコーナーが流行るのは、潜在的に俳句の作り方、読み方を知りたいという人が多くいたからであろう。小説にしても同様で、技術的なことをもっと学んでよいように思われる。

さて、現在まで行われている小説を取り扱った授業は、おおむね昔と大差がない（もちろん、個々の授業で工夫している教師もいるだろうが）。「昔と大差がない」というのは、過去の小説観から変わっていないということである。そしてその小説観はもう自明のものではない。

次章では、典型的な「国語」とは異なった見方について、述べていこう。

第三章　教科書にのる名作にツッコミをいれる

一方的に「味わう」ことはできない

高校一年生の「国語総合」の目標として、「文章に描かれた人物、情景、心情などを表現に即して読み味わうこと」が設定されていることは、すでに取り上げた。

本書ではこの、「味わう」という表現に着目したい。ここには一つの前提がある。それは教科書に載っている小説は、「正しい」ものであり、「すばらしいもの」であるという前提である。最初から味わうに値するものとして設定されており、それができない生徒は間違っていることになる。教育によって、それを味わうように仕向けなければならない。

数多くある指導案をみても、そのような方向性をうかがうことができるが、なかでも「味わう」ことを「関心・意欲・態度」と結び付けているものが少なくない。ある指導案では「『今昔物語集』と『羅生門』のつながりについて知り、日本文学及び『羅生門』の特性について理解を深め、近代小説を味わう」ことを、「関心・意欲・態度」の項目として挙げている。

つまり、このような教案を作る教師にとって、味わうことをしないものは、「関心」がなく、「態度」が悪いとされてしまうことになる。しかし生徒によって感じ方はさまざまなのだから、「すばらしいもの」「味わうべきもの」と最初から決めてかかるのは危険ではないか。

次のような批判を見よう。

自分が興味があり、好きなジャンルの小説は楽しかったが、たいして興味もないものを課題にされるとモチベーションはまったくなく、読んでも内容がつまらないと感じた。先生はこの小説の「ここがスゴい」というばかりで、何も伝わらなかった。（早稲田大学商学部・男）

優れたものかどうかという価値の判断は、本来は読者にゆだねられているものであるが、学校教育では許されないことが多い。この学生が批判している通り、読む小説が「すごい」ことはあらかじめ決められている。前章でみた生徒の批判の「解釈が決められてい る」というのも、実は解釈というよりも価値判断の問題も多分に含まれているのではないかと思われる。

「羅生門」を読んで面白いと思う生徒もいれば、つまらないと思う生徒もいるが、つまらないと思っても、優等生ならば教師の言う良さをそのまま受け入れようとするか、批判するにしても「よさが私にはよく分からなかった」と言う。「よい」ことは前提なのである。

これは課題として何かを読ませた場合にも同様である。よほど「批判せよ」のような課題を出さない限り、堂々と批判を繰り広げてくる高校生のレポート・作文は皆無に近い。学校の教育とはそういうものだと無意識のうちに思っているのである。

前提を取り払い、「面白い」とすればなぜ面白いのか、「つまらない」とするなら、なぜつまらないのか。そうした価値判断は、あまり行われていないようである。しかし、小説を読むならば、価値判断までが含まれるはずであり、一方的に「味わえ」というのは暴力にほかならない。

†「羅生門」って面白かったですか?

芥川のような、すでに古典となっている作家をまっさらな気持ちで評価するのは簡単ではない。どうしても先入観に支配されてしまう。「一万円のワインです」と言われたらそれだけでおいしく感じてしまうのと同じである。また、教材としてじっくり分析しているうちに、なんだか面白いような気がしてしまうこともある。

優れた芥川論を読むと、「面白い」と思ってしまいがちだが、ここでも疑問が出る。面白いのは芥川の書いたものではなくて、その芥川論の方なのではないかという疑念も出るのである。どうにもならないほどつまらない小説なのに、その批評や研究は面白いということはありうる。

では、できるだけ芥川のラベルをはがして「羅生門」を考えた場合、どうなるだろうか。かりに私が新人賞の審査委員で、「羅生門」が送られてきたら、どう思うだろうか。たぶん落とすと思う。歴史的評価を行わず、現時点で私と「羅生門」との対話を行った場合、おそらく高い評価にならないだろうと思われる。これからその根拠を述べてみたい。

†主題が明瞭すぎないか

小説は、場面で表すことによって判断を投げかける。読者はそこから様々な要素を解釈する。「羅生門」の場合、主題は下人の心理の動きになっており、また「エゴイズム」は悪かどうか、という問いを発していると述べた。「エゴイズム」という言葉を使うかどうかは別として、この点はあまり解釈の揺れがない。主題は明瞭である。というより、あまりにも明瞭すぎるのだ。

まず、心理がはっきりと書かれすぎている。雨が止むのを待っている段階で下人は「途方にくれて」いる。上に登った下人は「六分の恐怖と四分の好奇心」から行動し、老婆を見た時には「はげしい憎悪」を抱く。老婆の話を聞くと、「ある勇気が生まれて来た。それは、さっき門の下で、この男には欠けていた勇気である。そうして、またさっきこの門の上へ上って、この老婆を捕えた時の勇気とは、全然、反対な方向に動こうとする勇気である。」と語られる。

さらに、老婆のセリフを見てみよう。

「成程な、死人《しびと》の髪の毛を抜くと云う事は、何ぼう悪い事かも知れぬ。じゃが、ここにいる死人どもは、皆、そのくらいな事を、されてもいい人間ばかりだぞよ。（中略）わしは、この女のした事が悪いとは思うていぬ。せねば、饑死をするのじゃて、仕方がなくした事であろ。されば、今また、わしのしていた事も悪い事とは思わぬぞよ。これとてもやはりせねば、饑死をするじゃて、仕方がなくする事じゃわいの。じゃて、その仕方がない事を、よく知っていたこの女は、大方わしのする事も大目に見てくれるであろ。」

一見して明らかなとおり、この老婆のセリフは、テーマの説明になっている。あまりにも明瞭であり、芥川が設定したテーマに沿って発言している感じがしてしまう。説明しすぎであり、余韻がない。テーマ先行が見え見えになってしまうと、人物は独立した人物であるというよりも、作り手にしゃべらされている人形のように見えてしまう。

また、老婆制圧後の下人の気持ちもたいへん明瞭に説明されていて、「それは、さっき門の下で、この男には欠けていた勇気である。そうして、またさっきこの門の上へ上って、この老婆を捕えた時の勇気とは、全然、反対な方向に動こうとする勇気である。下人は、饑死をするか盗人になるかに、迷わなかったばかりではない。その時のこの男の心もちから云えば、饑死などと云う事は、ほとんど、考える事さえ出来ないほど、意識の外に追い出されていた。」とある。「羅生門」は短編でありながら、テーマの説明にはくどいほど饒舌だ。

なお、下人は老婆を見た瞬間、直観的に「許すべからざる悪」であると感じる。これもテーマを前面に出すためと考えると納得がいく。「許すべからざる悪」と感じたはずの下人が「自らが悪事に走る」と展開したいがための処理であろう。

「小説はさまざまな解釈ができるはずなのに、一つの読みに統一しようとする」「気持ちなんて分かるはずがない」というのは生徒の抱く典型的な苦情であるとした。しかし、「羅生門」で下人の気持ちは完全に説明されている。その下人の気持ちの変化について、読者がどう思うかは自由ではあるが、気持ち自体の解釈は書かれている通りでしかない。

だが、あるテーマについて、はっきり論述したいのであれば、果たして小説の形式を取る必要があるだろうか。これについて、私は北京大学留学中、作家で文学研究者である曹《そう》文軒《ぶんけん》氏の授業で、次のようなことを聞いたことを覚えている。

「君たち、高校の教師に「魯迅の小説は主題が明確だ」などと聞いてきたかもしれないが、それはデタラメだ。主題が明確な小説は最も悪い小説である。そうではなくて、あっちにいったり、こっちにいったりといった「揺れ」こそが小説にとって重要なのだ」

曹文軒氏は、他にも「コーヒーにミルクを入れるとコーヒー牛乳になるが、ミルクを入れた瞬間、ミルクがまだ溶ける前の段階、それはコーヒーでもコーヒー牛乳でもない。小説が書くべきなのはそこだ」という趣旨のことを言っていて、たいへんいいたとえだと思ったことがある。

こうした観点からみると、「羅生門」はコーヒーとミルクが溶け合う瞬間を描いているようには思われない。「多様な読みを」というのだが、多様な読みが可能なほどの深さが足りないように私には思われるのである。

下人に生々しさがない

「羅生門」はテーマ先行型の小説であることと関連し、下人と老婆に独立した主体としての生々しさが感じられない。生きるか死ぬかの状況に追い込まれているわりには、下人に必死さが感じられないのである。ぼんやりと空を眺め、にきびを気にしているあたり、平安人というよりは近現代の若者という感じがしてしまう。黒澤明の映画『羅生門』は、芥川の別の短編「藪の中」と組み合わせたものであるが、こちらのほうは映像表現として汚さや生々しさ、力強さを表現しているように思われる。

老婆が髪を抜くのを見て直観的に「悪」と感じるのも、近現代人的な発想のように思われる。生きるか死ぬかの状態の人間にしてはずいぶんと余裕がある。要するに、追い込まれている感じがしないのである。

もちろん、これは現代の価値観から私が判断したものであって、「正解」ではない。だが、そうした個別の価値判断を阻害する力が学校教育でかかっているのは確かであろう。

†『天空の城ラピュタ』にみるメッセージの込め方

説明をし過ぎない方が、文学作品としてはいやらしさが抜け、一種の深さが出る。やや脱線するが、この件について、宮崎駿のアニメ『天空の城ラピュタ』の表現からもう少し述べてみよう。

宮崎駿は『もののけ姫』にしても『千と千尋の神隠し』にしても、『風の谷のナウシカ』にしても、環境問題についてのメッセージを明確な形で盛り込む監督である。環境問題について描くのは反対しないし、メッセージを盛り込むこと自体も反対ではないが、物語内部で説明的になりすぎ、浮いているように思われる場合がある。

『天空の城ラピュタ』は個人的に好きな作品で、面白いと思っているのだが、ラストシーンで気にかかるところがある。ラピュタでムスカに追い詰められたシータは、次のように語る。

今は、ラピュタがなぜ滅びたのか私よく分かる。ゴンドアの谷の歌にあるもの。「土に根をおろし、風とともに生きよう。種とともに冬を越え、鳥とともに歌おう」

どんなに恐ろしい武器を持っても、たくさんのかわいそうなロボットを操っても、土から離れては生きられないのよ。

いかにも説明しすぎである。特に「ラピュタがなぜ滅びたのか分かる」「土から離れては生きられない」と明確にテーマを語らせてしまっていて、物語全体から浮いている。テーマを語らんがために用意されたセリフである。シータは少女なのに、突然説教くさいおばさんのようになってしまっている。

少女シータのこのセリフの後、主人公パズーが合流し、滅びの呪文を唱えてラピュタが崩壊する。明らかに挙動がおかしいパズーをムスカが放置したり、都合よく滅びの呪文があったり、滅びの呪文が簡単すぎたり、といったご都合主義はエンタメ作品だから目をつぶるとして、その後、ラピュタは巨大な根っこをむき出しにした木に変身する。さらに、エンディングでは、根を地表に下すことなく飛んでいる木（元ラピュタ）と地面の対比が表されている。

ラピュタだったものが、「地表に根を下していない巨大な木」になっていることは、「人が土を離れては生きられない」ことを表すメタファーとなっている。逆に言えば「人が土を離れては生きられない」というメッセージは映像として、メタファーとして描かれているのであって、わざわざシータに語らせる必要性はない。メタファーは説明されることによってその効力を失ってしまう。笑いを解説したものが笑えないのと同じだ。説明していなければ、一義的な解釈を拒むことになり、より豊かな余韻が残ったであろう。

宮崎駿にはどうも、文学的で詩的な完成度を捨ててでも直接的なメッセージを語ってしまいたいという欲望があるように思われる。

†「比喩」はいたるところで使われる

『天空の城ラピュタ』のラストシーンはメタファー的だと述べたので、さらに脱線してメタファー（隠喩）を含む比喩について論じてみよう。小説では何らかのテーマがあったとしても、それを直接論じたりはしない。説明するのではなく、場面として表すものである。とすれば、小説自体、広い意味でのメタファー的な機能を持っているといえる。

メタファー（隠喩）は比喩の一種であるが、学校では隠喩と直喩（明喩）の二種類があると教えられる。後者は「〜のよう」を使うものであり、前者は使わないものであるとされる。学校で教わる比喩にはもう一つ、擬人法がある。擬人法とは「太陽のように笑った」のように、人間ではないものを人間であるかのように書くものであった。

学校教育にはほとんど取り入れられていないが、比喩は一九八〇年以降の言語学において、大きく注目されることになった。というのも、私たちは現実を認識するときに、物事をそのまま見ているわけではない。意識的にも無意識的にも「〜に似ている」というように、何かとの類似によって世界を把握しているのである。

一般には比喩とは感じていない表現にも、類似関係に基づく把握は非常に多く存在している。色の名前を考えてみると、日本語に固有の色名は赤、青、白、黒の四つだけであり、他は別の事物との類似関係からつけられている。紫は植物の名前、緑も植物、茶色は茶の色、桃色は桃の色、という具合である。また、机には「脚」があるが、これは人間の身体部位に見立てて比喩的に使っている表現である。

時間は「流れる」ものであり、過去は「振り返る」もの、未来には「進んで」、過去には「戻る」ものである。だが、時間が流れているのを見ているわけでもなければ、後ろを振り返っているわけでもない。このように、時間の表現は空間の表現をそのまま使用している。これも一種の比喩である。

新しい事物や状況に出会った場合にも、私たちはすでに知っている事物や状況に結び合わせて考える。小説文では、新しい状況が導入され続けるわけだから、比喩的な把握なしに書かれることはほとんどありえないといっていいほどである。「羅生門」は、比喩が目立つ作品ではないが、「〜のよう」といった直喩表現はこの短さにして二一回も出てきていることからも、比喩的な把握で場面を描くのはごく普通であることが分かるだろう。下人が出会う老婆は「猿のような」老婆であり、その腕は「鶏の脚」のような腕と、類似関係によって表されているのである。

†隠喩と直喩をわける意味はあるのか

ここで隠喩と直喩について私見を述べておきたい。かつてその違いを教わったときに、はたして「〜のように」「〜ようだ」があるか（直喩）、ないか（隠喩）がそんなに重要なことだろうか、と疑問を持ったことがある。「男は狼だ」とする隠喩と「男は狼のようである」とする直喩の違いが分からないと思ったのである。

比喩理論でもこの両者を区別しない立場も存在している。どちらも類似関係に基づき、別のものにおきかえるのであるから、大差はないと考えるのである。

一方、違いを認める立場としては、隠喩の場合、まず字義通りの意味で考えると、明らかにおかしなことになると考える。字義通りではおかしいとなった場合に、別の解釈に移るものだとする。人間は狼ではないので、「男は狼だ」は明らかに偽である。そこから別様に解釈がなされると言うのである。

だが、この説明には納得がいきにくい。「男は狼だ」という文を読んで、「そのまま読んだらおかしいな、これはきっと別の意味だ」と頭の中で計算して処理する人はおそらくいまい。「男は狼のようだ」といってもほとんどかわらないではないか。

私は、隠喩と直喩を「〜のような」があるかどうかといった形式的判断で分ける意味はほとんどないと思っている。では、隠喩と直喩を分ける必要がまったくないと思っているかというと、そうではない。別の観点からとらえなおした方がよいと考えている。

ではそれは何か。隠喩と直喩を文字通り隠れているか明らかかの基準で考えるということである。私見によれば直喩とは、何に類似しているのか明らかなものである。「鶏の脚のような腕」は、腕と鶏の脚を比べているが、これは視覚的な形状の類似であり、解釈のぶれがない。

「老婆は猿のようだ」はどうだろうか。見た目であろうか、それとも性質であろうか。定かではない。「老婆は猿のように狡猾だ」なら性格の類似性だし、「老婆は猿のように背を丸めている」なら外見である。とすれば「老婆は猿のようだ」は単独では何が類似しているかは必ずしも明らかではないから、これも隠喩的表現であり、「老婆は猿のように狡猾だ」はそれが明らかにされているために直喩的だと言えるのではないか。

さてこの基準で考えると、「猿のような老婆」は老婆が猿の何に類似しているのかが明らかにされていないから、隠喩ということになってしまう。ただ、「羅生門」では文脈上、外見の類似であることが明らかである。一方、「〜のように」を使わない表現でも、何に類似しているか比較的明瞭なものもある。「男は狼だ」も、よく使われることもあって何の性質を言っているのかは比較的明瞭で、「狼のように（多くは女性を）食べる」の意味で使われる。

そして、何が類似しているか分かりにくい隠喩も存在している。何が類似しているか分かりにくいもののほうが、「隠れている」のだから、隠喩らしい隠喩と考えることができる。詩はこの傾向が顕著で、何に類似しているかが明瞭な比喩は陳腐になる場合が多い。小説からもちょっと奇妙な例を一つ挙げよう。

メンドサ通りで角を曲がり、日が出ているとおぼしき方向へ進む。ゆっくりと滑るように走る車は、バスターミナルの前を通り過ぎる。乗り場にはゴリラが何匹か立っている。たくさんの荷物やスーツケースの近くをうろうろしているのもいれば、じっと立ちつくしているのもいる。（ファン・ホセ・サエール『傷痕』大西亮訳、水声社、二〇一七年）

例文はアルゼンチンの作家、サエールの小説『傷痕』から取った。ここでは、街の様子の描写として「ゴリラが何匹か立っている」とある。文字通りゴリラが立っているとすればシュールな小説かファンタジックな小説ということになる。通常であればゴリラが立っているわけはないから、人間をそう喩えているのだろうと読める。だが、いったいなぜ「ゴリラ」に喩えているのか、ここだけでははっきりしない。隠喩らしい隠喩である。

この小説ではしばらく、町の人間がすべて「ゴリラ」とされてしまっている。小説ではしばしばそういうメルヘンなものもあるから、私は最初、文字通り「ゴリラ」と取るべきなのか逡巡してしまった。つまり、「〜のよう」を使わない表現にはもう一つ効果があって、それは文字通りの意味か比喩なのかが分からなくできることである。

文字通りゴリラがいるのか、ゴリラのような人がいるのか、読者に動揺を与えることができるならば、「〜のように」を使うか使わないかの違いが出ることになる。隠喩であるか字義通りなのか、ぼやけさせることによって、意外性や読みの多様性を出すことにもつながるだろう。

隠喩は文字通り隠されているからこそ修辞的効果が出る。『天空の城ラピュタ』ではラストシーンの画像イメージだけであったならばメッセージは隠れている状態であった。読み手によっては別様の解釈もあり得たであろう。ところがシータが説明してしまったことによって、隠れていないもの、つまりは直喩になってしまっているのである。ヨーロッパの詩学が直喩よりも隠喩を重んじているのは、こうした点を考慮に入れてはじめて明らかになるのだと私は考える。

†名作「舞姫」をいま読むと

「羅生門」を批判的に読んだので、「舞姫」にも言及してみよう。

「舞姫」は、日本に帰る船上にいる「余」（太田豊太郎）の語りで始まる。「余」が使われていることからも分かる通り、一人称の語りである。「余」は、「五年前《いつとせまえ》のことなりしが」と、過去のことを語り始める。つまり、日本に帰国するところから始めて、振り返るという形式をとっている。

帰国中の「余」は、なぜかひたすら嘆いている。この嘆きの原因は、ドイツで起こった出来事に起因しているようだ。読者のほうとしては、五年の間に何が起こったのだろうと推定しながら、読み進めることになる。

次に、子供のころから留学でドイツに来るまでが回想される。その述懐するところによれば、「余」は幼いころからずっと優秀で、大学に入ってもトップであり、一九歳ではやくも卒業し、官吏となってベルリンに来ることになるという、出世コースを歩んでいたことが明らかにされる。現地でも言語をどこで学んだかと絶賛されるほど、語学力があったと語る。

回想によって過去の栄光が語られているが、ここで問題なのは、語り手も視点人物も語り手の太田豊太郎自身であり、その立場からの語りであるという点である。このため、客観的な報告ではない。嘘の可能性も否定することはできない。また、本人が語っていることから、自慢話とも取れるし、プライドが高い人物と取ることもできる。同時に、嘆いているようなトーンで語られていることから、後に何らかの悪いことが起きるであろうことが予測できる。

豊太郎は官吏の仕事をしつつ、大学にも通っていたことが続いて語られるが、「或る日の夕暮なりしが」とあるところからトーンが変わる。そのある夕暮れ、散歩していた豊太郎は、貧しい少女エリスに出会うのである。ここから先が「舞姫」のメインとなる物語となる。なお、エリスとの出会いのシーンからは、そのシーンが現在であるかのように語られるが、これは小説文の特徴である。

エリスの描写は細かく書かれ、豊太郎の気持ちも詳しく書かれるほか、直接話法（括弧で括られたセリフ）による対話が登場し、その場面が克明に描かれている。これによって叙述のスピードが遅くなる。つまり、そこまでは要約的であるが、ヒロインのエリスと出会うシーンは詳細に書かれているのである。

スタート時点が良い状態であったなら、そこに危機がおとずれるのが小説の常套手段だ。豊太郎は最初順風満帆で出世コースを歩んでいた。そのままでは、物語として成立しない。

エリスを愛することによって、危機に陥る。豊太郎は、免官になってしまい、ベルリンに残ることが危ぶまれる。すると、友人の相沢謙吉が手配してくれ、新聞社の通信員となって留まることができる。

留学にきたはずの豊太郎であったが、学問ができなくなる。「我が学問は荒《すさ》みぬ」という文が、二度出てくることによって、それが強調される。しかしこれは客観的な語りではなく、あくまでも豊太郎の自己語りである。自分は通信員になったことによって別の見識を手に入れているのだ、という自己肯定も同時に行われている。このあたりの矛盾した言動ができるのは一人称の語りを採用しているからこそである。

エリスはそのうち悪阻の症状を示し、妊娠したことが分かる。そのままエリスと幸せになるのだろうか。ここで、友人の相沢が再び登場する。相沢は豊太郎を大臣に引き合わせる。豊太郎が一旦捨てた立身出世の道を、再び取り戻させてくれるというのである。しかし、そのためにはエリスを捨てて日本に帰らなければならないことが提示される。ここでエリスか立身出世かの二択を迫られることになる。

このように二者択一を作ってから、どう物語を閉じるかがもっとも難しい。「舞姫」では、態度を決めかねた豊太郎が、冬のベルリンの中、ひたすら彷徨をつづけ、こしかけに座り込んでしまう。気が付くと夜になっていて、自分の体には雪が降っていたという。気温マイナスの中、ベンチで夜まで呆然としているとは、だいぶ無茶のある展開であるが、あまりそういうことは考えないようだ。

ふらふらと家についた豊太郎は、都合よくここで気を失い、しばらく寝込むことになる。その間に相沢が豊太郎がエリスを捨てて日本に帰る旨を告げ、それを聞いたエリスは発狂してしまう。主人公に選択させるのではなく、人事不省に陥らせてしまうのは、書き手側からするとそのほうが始末をつけやすいからだとも言える。

さて、先ほどから指摘している通り、「舞姫」は徹頭徹尾、太田豊太郎の語りであり、太田豊太郎に内的焦点化され続けている。エリスは豊太郎に見られる存在であり、そのフィルターを通してしか語られていない。内面も語られることがなく、外的焦点化しかされていない。豊太郎の語りなので、豊太郎の都合のいいように語られる構造であり、その欺瞞が一つの見どころとなっている。

†高校生には不人気な豊太郎

高校生に「舞姫」を素直に読ませた場合、主人公である太田豊太郎に非難が集中する。中でも女性は豊太郎だけでなく、主人公のエリスに対してもいい感情を抱かない人が多いようだ。「舞姫」は言葉遣いが文語でいかめしいので、高尚な感じがしてしまうが、よくよく読んでみると、どうしようもない男と女のメロドラマである。

だが、どうしようもない男と女のメロドラマだというような感想は、学校空間ではたしなめられることが多いようである。「舞姫」は「近代的自我」なるものをはじめて描いた作品であって、時代の異なるものを現在の価値観で判断してはならないとか、そもそも作品を読めていないとか、そういった「正解」が提示されることが多いようである。「舞姫」が明治二三年当時にあって、歴史的な意味がある作品であることは間違いない。文章こそ今となっては文語で読みにくいが、一人称に視点が固定され、完全に近代小説の形をしている。

だが、明治二三年段階にあってどういう意味があったかという問題、もしくはどう読まれていたかという問題と、今の私たちにどう読めるかはまったく別の問題である。普通に読んだならば、しょうもない男女の話と読む高校生が多いのは当然のことであって、それを非難することは、教科書に載っているものはどれも素晴らしいものであるという幻想にとらわれているからだ。

そもそも、主人公の太田豊太郎に対して現代の高校生が感じるような非難は、発表当時からあったものであって、ごく自然なものだ。というよりも、そのように書かれている。現代人からしたらいかめしく感じる文章だが、当時の読者からすれば文語で書かれているのはごく普通である。普通の文体として「舞姫」を読むと、洋行したエリートが貧乏な金髪美女と恋愛して妊娠させた挙句に捨てて帰ってくる話である。どこも高尚なところはない。

小説の読者は、新奇なものを読みたい。外国に行くことなど、ごく一握りの人間しかできない時代にあって、そのエリート中のエリートが金髪美女とエキゾチックな恋をする話は好奇心を掻き立てたであろう。しかし、是非とも享受すべき高尚なものではそもそもないはずだ。

個人的に「舞姫」は好きな小説であるが、それは豊太郎のダメ男ぶりがよいからである。一人称で語る豊太郎は、過去を振り返って嘆きに嘆いているが、神童と呼ばれていたとか、ドイツ語がやたらとうまかったとか、ちょくちょく自慢を入れ込んでくる。エリスはドイツ語がなまっているので、日本人の豊太郎が教えてあげたとまで言っている（エリスのモデルとなった女性はドイツ人ではなくポーランド人だったので、事実を反映しているかもしれない）。

自己弁護を重ねるのだが、その仕方がいかにもダメ男である。また、豊太郎は都合のいいところで記憶を失うし、語るべきことを語っていないように思われる。現代的に言えば「信頼できない語り手」であり、その語りはどこまで本当なのか怪しく感じさせる。

そもそも自己弁護にすらなっていない。エリスと出会った豊太郎は「その美しき、いぢらしき姿は、余が悲痛感慨の刺激によりて常ならずなりたる脳髄を射て、恍惚の間にこゝに及びしを奈何にせむ。」と語る。要するにセックスしてしまったというのだが、それについて「奈何にせむ」（どうしたものだろうか）とまるで他人事のように思い悩んでいる。エリスが悪阻に襲われたら襲われたで、「嗚呼、さらぬだに覚束なきは我身の行末なるに、若し真なりせばいかにせまし。」と嘆く。つまり、「ただでさえどうなるか分からない身なのに本当だったらどうしましょう」と悩んでいるのである。

明らかに真剣な愛ではない。女を捨てて日本に帰れと言われた時も、いちおう自分を責めるポーズを見せてはいる。しかしよく読むと、それを承諾することについては何も迷っていない。迷っているのは、妊娠中のエリスを捨てる事実をどうやって告げようという点だけである。それも気を失って済ませている。

明治だろうが現代だろうが、まごうことなきダメ男なのであって、それはこの作品の中心を占めているのだから、それを読み取って豊太郎を非難する感想を抱くのはいたってまっとうな読み方であると言えよう。

†ライトノベルぐらい都合がよい

現代的見地から言えば、この作品ではエリスに主体性が与えられていない。あくまで豊太郎の欲望に従属させられている存在である。エリスは一六、七歳の少女だったことになっているが、「若い女の方がいい」と考える男の欲望の反映と取ることもできる。繰り返すが、現在の見地からその書き方を非難するのも、いっこうにかまわないのである。歴史的評価とはわけて考えればいいだけのことである。

「舞姫」は男にとって都合のいいように改変されたメロドラマだが、細かく読むと不自然なところはある。例えば、エリスに帰国の事実を伝えられないでいる豊太郎は、ベンチに座っているうちに何時間も過ぎたという。しかし、極寒のベルリンなのに、冬のベンチでボーっとしていられるとは思えない。帰宅後すぐに気を失い、その間に友人の相沢がすべてを済ませてくれているという設定も都合がよすぎる。

エリスとの出会いのシーンも気になる。豊太郎は泣いているエリスを見て、「憐憫の情」に負けて、「覚えず側に倚」る。知らない女の子にいきなり急接近するのである。いくらなんでも早すぎる。今なら通報されるかもしれない。

そして豊太郎は、「なんで泣いているんですか、ところで私はぜんぜん関係ない人間なのでかえって力になれるかもしれませんよ」といったことを言うと、エリスも「あなたはいい人のようですね」のように答え、いきなり身の上話を始める。明治ならこれでよかったのかもしれないが、現代からみると「いくらなんでもそんなにすぐ知らない人に身の上話をしないだろう」と思ってしまうから、もう少し丁寧に描くだろう。

身の上話のすぐ後には、「跡は欷歔《ききょ》の声のみ。我眼はこのうつむきたる少女の顫《ふる》ふ項《うなじ》にのみ注がれたり。」とある。豊太郎は最初から性的な目線しか送っていないことが分かるが、豊太郎はいつのまにか少女の横に移動しているのである。それは、次に「彼は物語するうちに、覚えず我肩に倚りしが、(「彼」はエリスのこと)」とあることからも分かる。初対面の豊太郎は性的目線でエリスを眺めつつ、すぐ横に立ったばかりか、エリスもすぐに肩に寄りかかってくれるのである。

ほとんど思春期の男子高校生の妄想である。最近のライトノベルくらい都合がいいヒロインだ。

どうも、日本近現代文学の領域では、人生について真面目に悩むことが正当な「文学」だと見なされてきたように思われる。「舞姫」もその枠組みの中に回収される。しかし、それは日本の近現代文学という極めて限定された領域における、極めて限定された見方にすぎないように私には思われる。

†小説文のテストの難しさ

ここまで、本書では小説文を扱った「テスト」については何も言及してこなかったので、ここで一言述べておこう。小説文でテスト問題を作ること、特に入試問題を作るのには、様々な難点がある。ここまで論じてきたように、論説文とは異なり、小説文は「説明」をするものではなく、「示す」ものである。読者はその示されたものを解釈するが、よい文学ほど多様な解釈を許容するし、そこに特徴がある。

ところが試験問題、とりわけ入試問題は、客観的に答えが決まる問題を作る必要がある。一番生徒の力が分かるのは、多様な解答を許容する記述問題だし、幅が出るような記述をさせるほうが生徒の思考力や作文能力が鍛えられるが、採点は本当に大変だ。採点者との相性も出てしまうし、ブレが大きくなってしまうと、公平性が保てなくなってしまう。

その結果、書かれていないことを読むのが重要な小説文において、書かれていることしか試験に出すことができなくなる。典型的なのは、センター入試のように選択問題にすることである。しかし、書かれていることをそのまま選択肢として提示してしまうと、あまりにも簡単になり過ぎるから、選択肢は本文を書き換えた形になる。

だが、この「書き換え」が曲者だ。作問者の解釈が介入してしまうのである。このため、小説に詳しい人ほど、他人が作ったテスト問題に対しても模範解答に対しても文句を言いたくなる。だが、ある程度点数差を広げるための問題を選択問題で作ろうとすると、そうならざるを得ない。

ブレの出にくい選択問題を作ることによって客観性が担保できたとしても、それは小説の読解のあり方とは異なるゲームを遂行しているだけだ。問題文のパターンとその解答方法のパターンが作られていて、受験生に求められているのはそのゲームの忠実な遂行である。受験用参考書を見ると、「主観を交えず論理的・客観的に読めば点が取れる」などと書かれているが、これは小説文に関しては正しくない。それは小説文の「論理」ではなく、入試問題の論理として長年作り上げられてきた特殊な論理であって、それは文学部に入ったとしてもすぐに役に立たなくなるような「論理」である。

文学的に意味のある読解行為と入試は両立させるのは難しい。受験がある以上、受験勉強的な読み方は高校生にとって重要であるが、それとこれとは別であることも、できれば示したいところだ。

また、よくある批判に「多様な読みができるはずなのに正解が決められている」とするものがある。本来ならば教師としても多様な読みをさせなければならないのだが、一つの方向に誘導する、もしくは強制してしまいがちである。これは定期試験が足かせになっているという面もある。ある程度「正解」を決めてしまわないと、試験の時に困るのである。生徒側も、成績が気になるので、様々な読み方を教えたとしても「どれが正解なんですか？」と聞いてくるだろう。

†小説は教えるべきものなのか

さて、ここまで小説文について述べてきているが、そもそも学校教育において文学としての小説が必要かどうかという問題には触れてきていない。近代文学はすでに特権的な地位を持っておらず、教育における扱いも自明のものではない。

学校教育では、様々なものに触れる必要があるから、文学的な小説にも触れることは少なくとも有意義であるが、中心的である必要があるかどうか、疑問符をつけられるのは仕方がないことであろう。

扱うにしても、「心情中心主義」「鑑賞中心主義」だけではいかにも狭すぎる。内面が描かれることは小説の特徴であり、重要であるが、入試問題などをみてもいかにも比重が大きすぎるように思われる。

心情中心主義になったのは、おそらく日本の近代文学が個人の内面を重視したこととも関係しているだろうし、歴史的に作り上げられてきたものであろう。だがそれは小説において普遍的な価値ではないし、それだけでは小説のとらえ方としても狭くなる。「鑑賞中心主義」に見られるように、教育において文学を「ありがたいもの」として生徒に提示する行為は、一種の価値を上から押しつける行為に他ならない。従順で優秀な生徒はそれをそのまま受け取ることも珍しくないし、そのほうが点も取れる。一方で、文学が好きな生徒がこうした授業にそっぽを向き、勝手に本を読んでいる場合も少なからずある。文学的才能としてはこうした生徒のほうが見込みがある。

では、一歩進んだ形として、文学としての小説を読む価値をどう考えるべきか、考えてみよう。

文学好きの生徒が、授業にそっぽを向きがちなのはなぜか、というところから考えてみよう。それは優れた文学の多くが規範を破壊しようとするからであり、規範を押しつけようとする教育とは相いれないからではないか。二〇世紀後半を代表する作家、ガルシア＝マルケスは次のように述べる。

「文学、とりわけ小説には一つの機能があることがわかってきました。幸か不幸か、その機能は破壊的とでも言えばいいのか、ともかく、私の知るかぎり、優れた文学が既成の価値観を称揚するようなことは皆無なのです。優れた文学は常に、既成のもの、当然として受け入れられているものを破壊し、新たな生活形態、そして新たな社会を打ち立てよう、言ってみれば、人間生活を改善しようと志向するのです」(『疎外と叛逆――ガルシア・マルケスとバルガス・ジョサの対話』寺尾隆吉訳、水声社、二〇一四年)

また、読者論で有名な理論家のイーザーも、芸術の主要な機能の一つは、支配的な価値によって生み出されたマイナス面を露呈することであるとしている。もちろん、文学の機能とは国家の規定する規範を一般大衆に広めるためのものであるとした一時期の中国共産党のような考え方もあるが、文学に対してそうした価値観は主流ではない。

教育の世界で、文学の機能や面白さとは規範から逸脱すること、規範を破壊することにあるとはなかなか言いにくいかもしれない。規範を破壊するものが学校現場から遠ざけられているとしたら、世界の優れた文学の大半は教育にとって好ましくないものになる。価値観の誘導、規範の押しつけは文学を骨抜きにし、つまらないものへと変容させてしまう。それが直感的に分かっている文学好きの生徒が、授業を聞かなくなるのは当然のことであろう。

上から押しつける規範としての「道徳」が強化されるのであれば、小説文はより価値のないものとなるだろう。

†文学で世界を旅する

規範を押しつけられることほど、文学にとってつまらないことはない。同様に、既知のことばかりが書かれている文学もつまらない。小説を読む行為は、新しい世界を読むことでもある。

そこで私は、日本を離れて世界中の小説を読むことを推奨したい。幸いにして日本は翻訳大国であり、非常に多くの国の小説を日本語で読むことができる。海外のものは文化が違うから分からない、という人がいる。私はむしろ、分からないから面白いのであって、また単に楽しむだけでなく学べることも多いと言いたい。

日本で当たり前のことが書いてあるのを日本人が読んだとすると、それはごく普通のことだから情報価値は少ないし、面白いとは感じない。しかし、海外での当たり前のことはどうだろうか。私たちにとっては当たり前ではないから、それだけでも新鮮に感じることがある。

小説には人物がいて、出来事がある。その背後には、日常生活があり、文化がある。場面が描かれているので、客観的な報告や地理の教科書などとは異なり、生き生きとしている。つまり小説を通じて、世界旅行をすることができるのである。もちろん「百聞は一見に如かず」ということもあるが、観光旅行では表面的なところしか見ることができない。それに対して、小説では現地の人たちの目線でその生活を追体験することができ、別の魅力がある。私は小説体験と海外旅行体験をたいがい同時に行うが、それによって複合的に社会が見えてくる。

現地の人の目線と言ったが、小説は客観的な報告ではない。これは欠点でもあり、優れた点でもある。現地の目線に同化し、その考え方に触れることで、相対的な視点を得ることもできる。日本で暮らし、日本語だけで生活していると、外国人は完全な「他者」となり、「私たちとは異なった人たち」として考えてしまいがちだ。しかし、外国の小説を読み、その考え方に触れるならば、こうした考え方が狭隘であることに気がつくだろう。「グローバル社会」と呼ばれ異文化理解が重要といわれているが、小説をはじめとする物語や人文系の学問はそのために非常に役に立つことを、ここで付け加えておきたい。

†時間を知るための道具

本書では「舞姫」や「羅生門」について好意的ではない提示の仕方をした。しかし、それはあくまでも現在から見ての話である。文学史というと、単純に作家や作品名を覚えて終わりとなってしまうが、各時代の小説を読むことは、その時代の考え方、空気を読むことである。

文学者がとらえる時代は、俯瞰的に眺める歴史と異なり、個人の立場であるし、その内面が表される。また、文学としての小説にはその時代の思想、考え方も表される。それがどのような変遷をたどってきたのかを知ることは有用である。

例えば歴史教育では、「現在の価値観から過去を一方的に判断しない」という方針が出されてきている。この言明自体はもっともであるが、それならば戦前、戦後に書かれた小説を含む言説をきちんと知り、読む必要がある。しかし現実には、第二次世界大戦後まもなくの空気を表現している戦後文学は教育の現場からはほとんどなくなっているし、今後は完全に抹消されるだろう。それらはある種のイデオロギーにとって都合が悪いものである。不都合なものはなかったことにするのではなく、その時代の思想、価値観を知るうえで、過去の文学を読むことは重要であるはずだ。

†異なる視点を知るために

学校空間では「教育にふさわしい」教材が選ばれる。これは小説文だけでなく、論説や随筆でもそうだが、なぜか同じような視点からのもの、同じような考え方のものばかりを生徒に読ませていることが少なくない。そうすると、その繰り返し読まされるものが「正しい」価値観であると勘違いしてしまうことになる恐れがある。

文学が果たす役割は、特定の見方の押しつけではなく、むしろそれを揺るがし、拡大していくことではないだろうか。

例えば、昨今、学校現場で話題になっているのが性的マイノリティや人種的マイノリティの存在である。違いを認めよう、理解を深めようということがよく言われている。しかし私自身も多数派に属しているから、マイノリティ側の考え方や感受性は正直なところよく分からない。そんな中で、小説文ではマイノリティ側の声が聞こえることも少なくない。説明文などとは異なり、主観的な声の響きであるからこそ、わかることも少なくないのである。

私自身は性的マイノリティの問題に詳しいわけでもないし、授業で積極的に取り扱ったこともないが、性的マイノリティ作者が書いた作品をいくつか読み物として提示したことはある。中にはかなり過激なものも含まれていて、生徒から「こんなのを高校で読んでいいんですか?」と驚きとともに言われたこともある（こういう質問が出ること自体、学校では「正しい」ものだけ、規範的なものだけが扱われることが当然とされているからであろう）。

そうした文学に触れることによって、性的マイノリティに悩んでいる生徒が密かに勇気づけられていたことを後に知ったことがある。文学には人生そのものが書かれているので、そうした思わぬ出会いがあることもある。もちろん、普通の学校で多種多様な作品を提示するのは難しいだろうが、生徒のレベルに合わせてできるだけ多くの出会いを作ると、思わぬ効果が生まれることがある。「教育的に正しい」ものだけを提示するのでは、それは生まれない。

†「小説」を超えて

教科書に載っていたような小説らしい小説が文学の代表となったのは、それほど昔のことではない。「小説」自体も変容しているし、今後、どうなるかは分からない。しかしより大きくとらえ、「小説」をストーリーを持った「物語」の一種ととらえるならば話は別である。「小説を読むのではなく論理力を鍛えるべき」という意見が最近非常に多い。もちろん論理力は鍛えるべきなのだが、ここで言われている「論理」とは論理学でいうところの「論理」では必ずしもない。

むしろ日常的に接する報道、テレビ番組、ＳＮＳなどは、「論理学でいうところの論理」ではなく、物語的に構築されている。文章のスタイルは異なるが、実は「論理的文章」というより「小説的文」に作り方が近い文章は多いのである。最近はプレゼン力なども重視されているが、これも「論理」というよりは、人を納得させるストーリー作りである。世の中での言語使用は、明らかに「小説文」と「論理的文章」の二項対立ではない。

この点を踏まえて、次章以降を考えてみよう。

第四章

「論理的」にもいろいろある

†「論理的」が独り歩きしている

高等学校の選択科目では今後、「文学国語」と並んで、「論理国語」という科目が新設されることになっている。科目名に表れていることからも分かる通り、最近のトレンドでは、国語力を「論理的思考」と結びつける風潮が強まっている。書店に行っても、国語と「論理」を結びつけるものが多く出版されており、そうした本が売れていることも分かる。

小説文を国語で扱うことについては世間の風当たりも強いが、評論文や説明文など、いわゆる「論理的な」文章を国語で扱うことに反対する人はあまり見たことがない（授業が面白いかつまらないかは別の問題だが）。日常生活でこうした文章をきちんと読めなければ困るし、それなりに自分の意見を書ける必要もある。加えてそれが思考のトレーニングになるのであれば、反対する理由は何もない。

しかし、「論理的」という言葉が独り歩きしている感もある。あくまで「論理的」であって、「論理」そのものを教えているわけではない。本来であれば、高校あたりならば哲学をやったほうが論理の力は強まるはずだが、そういう動きは特にない。具体的にはどのような力を伸ばそうとしてきたのか、あるいはしているのかを考えてみよう。

まず、基本的な事柄である。最新の指導要領で関連する項目を拾ってみてみよう。中学一年生の「書くこと」に関して、次のような記述がある。

ア　目的や意図に応じて、日常生活の中から題材を決め、集めた材料を整理し、伝えたいことを明確にすること。

イ　書く内容の中心が明確になるように、段落の役割などを意識して文章の構成や展開を考えること。

ウ　根拠を明確にしながら、自分の考えが伝わる文章になるように工夫すること。

エ　読み手の立場に立って、表記や語句の用法、叙述の仕方などを確かめて、文章を整えること。

オ　根拠の明確さなどについて、読み手からの助言などを踏まえ、自分の文章のよい点や改善点を見いだすこと。

文章というのは、世界のすべてを記述することはできない。いろいろなテーマをごちゃごちゃに混ぜてしまうのもよくない。何らかの主題を設定し、整理して書かなければいけない。それをするためには、アにあるように、**書くべき材料をまず集めなくてはならない**。次に、イにあるように、**構成や展開**を考えなくてはならない。「論理的」といっている「論理」の大半は、この構成や展開にかかわっているといっていい。文章は絵のように二次元的に把握できるものでも、空間のように三次元的に把握できるものでもない。書かれている順番に従って、一次元的に読んでいかなければならない。このため、どのように文章を展開していくかが非常に重要なのである。構成や展開がきちんとできていないと、極めて読みにくい文章になってしまう。

次のウも重要な要素である。「論理的」文章では、何かを説明したり、何か意見を表明したりするが、主張や意見には根拠がいる。何を根拠としているのか、それは妥当なのかを考えることが「論理的」であることになる。エでは、「読み手の立場に立って」とあるが、これも文章を書くためには重要な要素である。文章は人に読ませるものなので、読み手が読んだときに読みやすい配慮をする必要がある。そのためには一つには構成や展開をきちんとすることも重要だし、想定する読者のレベルを考えた言葉遣いをしなければならない。

オは、昨今文科省が打ち出している「対話的で深い学び」を踏まえた目標である。単に書くだけでなく、人に読ませ、意見をもらい、その相互作用によって学習を進めることを目指していることが分かる。

具体的には次のような点に留意するとされている。

①どういう順番で論じるか
②指示詞や接続詞への注目
③事実と意見の区別
④主張と根拠の確認
⑤抽象的な記述と具体的な記述

文章を授業でどこまで解剖して教わったかは人によって違うだろうが、これらの項目は国語の試験問題でも頻繁に問われているものである。どのような問題の形式を取ってこれらが問われていたのだろうか。典型的な入試問題から振り返ってみよう。

†これまでの入試でも論理は求められていた

次の問題は、東京都市大学付属中学校二〇一七年度入学試験問題の一部である。拙著『日本語の謎を解く』（新潮選書、二〇一六年）の一部が使われた。設問だけ見てみよう。

問2　次の段落はもともと本文の中にあったものです。どこに入れるのがふさわしいですか。あてはまる部分の直後の五字を抜き出して答えなさい。

思考と言語は、そもそも切り分けて考えることはできないように思います。中国語にもいわゆる時制という文法形態はありませんが、中国人が時間を認識できないということはなく、別の表現で表しています。ある言語による思考方法を考えるには、その言葉を全体で考える必要があり、一部分だけを取り出して論じるわけにはいきません。

問3　――線1「日本語では別のものとして認識しています」とありますが、どうして日本語では「水」と「お湯」が別のものであると認識しているとわかるのですか。それを説明した次の文の□にあてはまることばを十六字以内で答えなさい。

日本語には□から

問4　――線2「それ」が指し示す内容を三十字以内でまとめて答えなさい。

問5　――「数というのは、物事を抽象化して考えるということです」とありますが、この説明として最もふさわしいものを次から一つ選び、番号で答えなさい。

1　数というのは、それぞれの個性を強調した上で人に考えさせるものであるということ。

2　数というのは、それぞれの真実がよく見えるように人に考えさせるものであるということ。

3　数というのは、それぞれの違いをぼかしたうえで、人に考えさせるものであるということ。

4　数というのは、それぞれの個性を生かし、一般化して人に考えさせるものであるということ。

まず問2は、文章の一部分を切り抜いておいて、それが入る位置を問う問題である。これは、先にあげた①から⑤のうち、①「どのような順番で論じるか」を問う問題である。論の展開をきちんと把握したうえで、どこに位置づけたならば適切であるかを訊いている。

問3は、傍線部の理由を問う設問である。こうした問題の答えは、必ず「〜から」と答えなければならない。小学校のころから繰り返し訓練されているので、「〜から」という答えを書いた記憶のある読者も多いことだろう。つまりこれは④の主張に対して根拠を問う問題となっている。説明や証明をするためには、その根拠を示さなければならない。その主張するところ（結論）に対してその理由や根拠がなんであるかを訊いているのである。

問4は指示語「それ」が指している内容を問う問題であり、②の「指示詞や接続詞への注目」にあたる。接続詞と指示詞はともに、**文をつなげるため**の表現である。文章とは連続したものなので、個々の文章や段落を互いに関連づける必要がある。互いに関連づけられることによって、全体の意味が連続しているように感じられ、スムーズに理解することができる。そのような意味の連続性が見いだせないと、読者は理解することができなくなる。文章において、意味が連続していることを、言語学では**テクストの結束性**と呼ぶ（テクストとは専門用語だが、とりあえず文章のことだと思えばよい）。

接続詞は一般的に順接（それで、そこで、だから、すると他）、逆接（しかし、だが、けれども他）、累加（そして、それから、なお、しかも他）、並列（また、および）、説明・補足

（つまり、すなわち、なぜなら他）、対比（それとも、あるいは）、転換（さて、ところで）などに分類される。この分類を見ても分かる通り、接続詞の分類とは、前と後とがどういう関係でつながっているかを示す記号なのである。このため、教師側からすると、文の展開がどうなっているか読み取れているかどうかは、接続詞を空欄にして埋めさせることによってある程度測ることが可能になる。だからテストに出やすい。

別の観点から言えば、ここで挙げた接続詞の分類は、文の展開の仕方のバリエーションとも言うことができる。順接では、ある叙述Aから帰結として言えることを導入し、逆接ではそれに反対することを導入する。何か論を導入したら、それに対して説明が必要になるので、説明の接続詞が使用される。「論理的な文章」を書くためには、**文の展開をスムーズに行わなければならない**。

問5では「数というのは、物事を抽象化して考えるということです」という**抽象的な文**言に傍線が引いてある。この前後の本文を抜き出してみよう。

驚くべきことに、ピダハン語には「数」という概念が欠如しているのだと言います。数というのは、物事を抽象化して考えるということです。**例えば、**「魚が三匹」という**数え方は、一つ一つの個体がどのくらいの大きさであるとか、どのような形であるとい**

うことは無視しています。ピダハンの人たちは、小さい魚二匹と中くらいの魚一匹は同等という認識の仕方をするので、「二匹」とか「一匹」という認識をしないというのです。そして、このような認識をするピダハン語社会の中で大人になってしまった人たちに、数字を教えようとしても、どうやっても十まで覚えさせることができないばかりか、一＋一を計算できるようにもさせられなかったと言います。

傍線が引かれている「数というのは、物事を抽象化して考えるということです」に続いて、「例えば」という語がきているのが分かる。このように、文章では抽象的なことを言っておいて、それを具体的な例などで説明していく。問5は四つの選択肢から選ばせるものだが、この選択肢はこの具体例を参考にしつつ、別の言い方に変えているものである。本文をそのまま選択肢に入れると簡単になりすぎるので、試験問題では言い換えられていることが多い。だが問5で実際に受験者が行っている作業は、本文の具体的説明と選択肢を見比べて、一番近いものを選ぶという作業である。

†「読む力」と「書く力」はお互いに影響を与える

試験問題の形式は、小学校から大学入試まで大差はない。内容が高度になっていくだけである。このように見てみると、説明的文章を読み書きするための重要なポイントは試験問題の中でも反復されていたことが分かる。それが意識できていたかどうかは別問題であるが。

さてそんな中で、どんなことが特に課題とされているのかを見てみよう。

・教材の読み取りが中心になりがちで、国語による主体的な表現等が重視されていない。
・話し合いや論述など、「話す・聞く」「書く」ための学習が低調。
・情報活用能力という観点から、映像も含む多様なメディア表現から情報を読み取り、表現していく力が必要。

総じていえば、これまでの現代文では、教材を読み取ることが中心であったのに対して、自ら話すこと・書くことも行っていくべきであるというのが最近の流れである。中でも、説明文などの「論理的な文章」を書く能力、口頭でプレゼンする能力が現代社会を生きる上で重要なのは論を俟たない。

言うまでもないが、文章を読む力も書く力もどちらも大切である。文章がどのようになっているのかを理解すれば読む力も上がるし、書く力にもつながっていく。昔ながらの典型的な入試問題にも、実は文章の書き方のヒントは入っていたのだが、必ずしも明示的に教わったわけでもないだろう。そこで本書では、文章を「書くこと」の観点から、先ほど挙げたような項目を見ていくことにする。

また、「情報活用能力」が重視されている点にも注目したい。現在は、情報過多社会であり、私たちは非常に多くの情報に接している。それらを読み取る能力は、単に書かれている内容を理解できればよいという問題ではなくなった。というのも、情報があまりにも増えすぎた結果、信頼できない情報も氾濫するようになってしまったからで、「活用能力」には、情報を精査する能力、最近いわれているところの「リテラシー」が必要になっている。この点についても、後に詳しく述べることにしよう。

第五章　理解されやすい文章のセオリー

†どういう順番で書いていくべきか

前章で述べたように、実は従来型の「読む」授業や、読解問題にも、文章を「書く」ためのヒントは入り込んでいた。しかし、それに気づかなかった読者も多いことだろう。本章ではまず、説明的な文章を書くにあたって、基本を確認してみよう。

指導要領には、文章の「構成と展開」を学ばせるという目標が挙げられている。文章を書くにあたって、一番基本であり、なおかつ難しいのがこの「構成と展開」である。私も本を書くにあたって、どういう構成にしていくか、どう論を展開していくか、常に悩んでいるところであるし、書いている途中で大きく変更することも珍しくない。

では「構成と展開」とは具体的には何か。「構成」という言い方は、全体を俯瞰的に見て、どうなっているかを見るときの言い方である。「展開」は、どういう順序で叙述されているのかが重視されている言い方である。すでに言及したように、文章は二次元でも三次元でもないから、順番を追って読んでいくしかない。このため、どういう順番で叙述していくかが、読み手にとって重要であるし、従って書き手にも重要だということになる。

ではどういう順番で書いていったらよいのだろうか。

そのために最初に押さえておかなければならないのは、説明文・論説文というのは、**知らない人に対して何かを説明したり、自分の意見を伝達したりするものであるという点である**。文章の書き手は、書く内容についてよく知っているかもしれないが、相手はそうではない。常にこれを意識するだけでも、書き方は異なってくる。では、どのようなプロセスで伝えたならば、相手がすんなりと理解してくれるだろうか。そこを考えなくてはならない。

理解しやすい文にするためには、一定のセオリーがある。おそらく、説明文の基本的な構造については学校教育で一度は教わっているはずだ。大きく分けるならば「序論、本論、結論」の三部構成になっていると、聞いたことがあるのではないだろうか。ただ、この構成について授業で取り扱っていたとしても、それを「書く」ことには結びつけられていなかったかもしれない。私自身も、この分け方については中学校の時までには聞いていたのを覚えているものの、自分で文を書く時にこの分け方を明確に意識できるようになったのは大学生活も後半になってからである。

†話題にスムーズに導入するために

それでは「序論、本論、結論」の書き方について、それぞれ見ていこう。

序論は、導入部分、もしくは「前ふり」と呼んでもいい。会話では話し手と聞き手が時空間を共にしているが、文章の場合はそうではない。書き手は読み手がいつ、どこでその文章を読むか分からないし、直接の知り合いではないことも多い。そのような状況において、まずしなければならないことは何か。それは**話題をスムーズに導入すること**である。

では、スムーズに話題を導入するとはどういうことか。

私の授業に出ていた高校生O君のレポートを題材にして見ていこう。この時、私の授業では物語の構造分析や文体について学んでいた。それを踏まえて課題図書の中から一冊を選び、分析をするという課題のレポートである。O君は、トニ・モリスンという作家の『ソロモンの歌』（金田眞澄訳、ハヤカワepi文庫、二〇〇九年）を選んだ。

構造分析『ソロモンの歌』

オバマ大統領が人生最高の書に挙げた本書『ソロモンの歌』。ミルクマンの俗称で呼ばれる黒人男性が、自分の一族のルーツを探し求める物語である。私は謎を解き明かしていくミステリー味の強いこの物語に、用いられていた構造や技法がうまくマッチしていたと分析する。

わずか一二〇字あまりの導入部分だが、これだけ読んでも話題が『ソロモンの歌』であること、その『ソロモンの歌』の簡単な説明、このレポートで論じる内容と叙述が展開されていることが分かる。序論で大切なのはこのように、全体で何を論じるかを明らかにすることである。O君のレポートは、そのために最低限必要な情報はすでに含まれている。

しかし本論の部分を読むと、この序論はやや不十分であった。というのは、本論で論じられることの予告が十分になされていないのである。序論はそこから先に述べること全体の予告編なので、分量が許す限りでどんなことがこれから書かれるのかを読者に予期させ、期待させなければならない。読者はこの期待を念頭において読み進めるので、ここでうまく予告できていると、理解がスムーズになる。

『ソロモンの歌』という小説を読んだことがある読者と読んだことがない読者では、後者のほうが多いに違いない。とすれば『ソロモンの歌』について、ある程度情報を書いたほうが、その先の論旨を追いやすくなる。とはいえ、ただ単に『ソロモンの歌』のあらすじを書くだけでは、よい序論とは言えない。本論を導くためにあるわけだから、本論とうまい具合に接続していなければならない。O君はこの先の本論で、「ミルクマンのルーツに関する謎解き」の書き方について分析していた。そこで、「ミルクマンのルーツに関する謎解き」につながるように『ソロモンの歌』の情報を追加するとよい、とアドバイスした。

次の文は、アドバイス後に書き換えたバージョンである。

構造分析「ソロモンの歌」

オバマ大統領が人生最高の書に挙げた本書『ソロモンの歌』。「デッド」という奇妙な姓を受け継ぐ主人公の黒人男性は、物心ついてからも母親の乳を飲んでいたところを目撃されたためミルクマンという俗称で呼ばれている。周囲に馴染めない内気な少年に育った彼は親友ギターと叔母パイロットのもとを訪れた際、彼女からデッド家にまつわる話を聞いたことをきっかけに自分の一族のルーツに興味を抱くようになった。やがて大人になったミルクマンは自分を街に縛る名前から自由になるためその謎を明らかにするための旅に出る。その旅の終着までを描くのがこの小説である。私は謎を解き明かしていくミステリー味の強いこの物語に、用いられていた構造や技法がうまくマッチしていたと分析する。

先ほどの序論より、『ソロモンの歌』がどのような小説かについての情報が詳しくなっている。長編小説の内容を短くまとめるのは、やってみるとかなり難しい作業である。『ソロモンの歌』のストーリーは実際にはかなり複雑なので、この単純な序論ではカットされている部分が多くある。しかし読みやすい文章では、**一貫した論の展開**が必要であり、それに関係のないことは思い切って切らなければならない。

主人公「ミルクマン」の名前の由来を追加しているところもいい。「ミルクマン」とは奇妙な呼称であり、『ソロモンの歌』を読んだことがない人であれば、なぜこんな名前なのかが気になるところだし、その名前の説明がストーリーの紹介と有機的に関連させられている。読者がわからないであろうことを想像して書くことは、わかりやすい文を書くにあたって非常に重要だ。

序論は予告編なので、全体でどのような話をするかの概括にもなっているほうがいい。このレポートでは、全体としてミルクマンの出自の謎解きと、その書き方を分析することが予告されている。全体をうまく予告するためには、文章全体を見渡せてからでなければ書けない。

二〇〇〇字程度のレポートなら、全体を見渡すのはそう難しくはないが、もう少し長い文になるとそうもいかない。論文などの場合には、序論を全体の要約のようにしてしまうことが多く、結論まで書くことも少なくない。このため、私は本論を全部書いてから序論を書くこともある。最初に序論を書く場合でも、大きな修正をする場合が少なくない。最初からきちんとした序文を書くのは、実は難しいのである。

論じると決めた事柄以外は触れてはいけない

それでは次に「本論」の部分を見ていこう。「本論」では「序論」で予告したテーマについて具体的に説明・論述していく。その際に重要になるのは、やはり論述する順番である。私たちの頭の中では、書くべきことが混然一体となっている。それを文章化するさいには、順番に並べていかなければならない。一歩ずつ論を進めていくにあたって、適切な順番で語っていかないと、スムーズに読めない。「論理的な文章の書き方」とは、そのかなりの部分を論の構成の仕方が占めていると考えていい。

その原則としては次のような点に気をつけるとよい。

① 一つの段落で論じることは一つ

② 話題を一貫させる
③ 全体→部分（個別）の順番にする
④ 抽象的→具体的の順番にする

ここでも先のO君のレポートに戻ってみよう。「序論」で述べられていたとおり、このレポートで論じられるのは、ミルクマンの出自を巡るストーリーが、どのような構造・技法で書かれているかである。その「本論」は次の三つの部分に分けられていた。

一　作中情報の見せ方
二　第一部と二部の時間の違いと、それに伴う描写変化
三　人物に明確に課せられるロール

三つの部分に分けられているということは、このレポートでは大きく分けて三つの事柄について論じるわけで、**逆にこの三つ以外については触れてはならない**。関係ないことが混ざってくると、途端に論旨が不明確になってしまう。最初に論じるのは「作中情報の見せ方」なので、この話題で一貫させること（原則②）が重要である。

文章は「序論→本論→結論」で書くと整理しやすいが、これは全体だけでなく、部分にも当てはまる。第一トピックである「作中情報の見せ方」の内部でも、この構成をとるといい。とすれば、第一段落は序論にあたるから、この項目全体で何を書くのかを予告することが望ましい。ではO君のレポート、本論の第一段落を見てみよう。

作中情報の見せ方

私がまず気づいたことは読者に公開する情報に細心の注意が払われているということだ。この小説が単なる探偵小説と違うのは、解き明かすべき謎自体が主人公ミルクマンに関することなので、謎が解かれること自体に一番のスポットが当たっているわけではなく、その謎を解き明かしたミルクマンのリアクションが最も我々読者にとって意味を持っている。だから、読者には基本ミルクマン自身が知らない情報が知らされることはない。途中メイコン・デッド二世やコリシアンズ、終盤にヘイガーが語りの対象になり、ミルクマンの知らない街の情報が我々に知らされることがあるがそれらは本筋のデッド家の謎に関係することはない。あくまでそれらは後にミルクマンが知らされることとなる新情報が明かされたときのショックがひきたち、彼らの感情に我々読者がついていきやすいようにする配慮ということができるだろう。

この第一段落は「作中情報の見せ方」というトピックの序論にあたる部分だが、その第一段落も「序論→本論→結論」の順番で語るといい。つまり「序論→本論→結論」の中に「序論→本論→結論」が埋め込まれ、さらにその中に「序論→本論→結論」が埋め込まれるという入れ子構造に仕立てていくのが基本である。

さて、この第一段落は「序論→本論→結論」になっているだろうか。序論は全体的なことを書くが、全体的とは言い方を変えるならば抽象的にまとめるということである。まず抽象的に全体の話をして、次に具体的な話をする。そしてまた抽象的に段落を締める文を持ってくる。つまり、「抽象→具体→抽象」の形をとるのである（原則④）。

O君の文章を見ると、まず「私がまず気づいたことは読者に公開する情報に細心の注意が払われているということだ。」となっていて、悪くない始め方である（もっとも、「私がまず気づいた」とすると客観性が失われるので、「この小説でまず気づくことは」などとしたほうがよいだろう）。最初の文で、第一段落全体で何を語るかの予告になっている。次に、「公開する情報に最新の注意」とはどういうことなのか、具体化・詳細化がされているので、それもよい。

だが、波線を付した部分はどうだろうか。かなり具体的な情報が出てきてしまっている。

おそらく、「読者には基本ミルクマン自身が知らない情報が知らされることはない。」と書いてしまったが、それに一見反する例が見つかってしまったために、あらかじめそれを退けたくなってこう書いたのだろう。

この段落はあくまでも第一段落である。第一段落は全体を予告するものでなければならない。ゆえに具体的な話はしないほうがいい。いきなり個別・具体的な情報に入ってしまうと、原則③に反してしまい、読んでいてスムーズではない。

またこの第一段落は、「序論→本論→結論」の「結論」部分がないので、結局何を言いたいのかがよく分からない。もう少し全体をまとめるような文で終わったほうがいい。結論部分（つまりまとめの部分）は個別具体的な話ではなく、抽象的に概括するのがポイントである。

このアドバイスの結果、O君は次のように書き換えた。

作中情報の見せ方

私がまず気づいたことは読者に公開する情報に細心の注意が払われているということだ。この小説が単なる探偵小説と違うのは、解き明かすべき謎自体が主人公ミルクマンに関することなので、謎が解かれること自体に一番のスポットが当たっているわけではなく、その謎を解き明かしたミルクマンのリアクションが最も我々読者にとって意味を持っている。だから、読者には基本ミルクマン自身が知らない情報が知らされることはない。作中情報が映えて見えるよう公開する順序やタイミングに気が遣われて書かれていると言えるだろう。

先に波線を引いた個別・具体的な論は削除された。その代わりに、二重線で示した部分が加わっている。そしてこの二重線の部分「作中情報が映えて見えるよう公開する順序やタイミングに気が遣われて書かれていると言えるだろう。」によって、最初に提示された「読者に公開する情報に細心の注意が払われている」とは「情報の公開順序やタイミング」のことであることがはっきりと明示されており、締まりがよくなっているし、ここから論じられることがはっきり書かれているため、つながりが分かりやすくなっている。

†事柄の関係性に気を付けて並べる

次の第二段落以降では、徐々に具体的な論に入っていく（原則③）。その具体論をまとめて見てみよう。

ミステリー風なこの物語にとっては情報開示のタイミングや順序も大事であるが、読者をじらすこと、わざと読者に疑う間を与えることも大事なのではないだろうか。そしてそれはこの小説では至るところで行われており、この小説における会話文の扱い方にそれが最も顕著に表れていると私は考えている。この小説では会話文が前から修飾されることはほぼない。必ずと言っていいほど会話文の後から修飾がくるし、修飾文がつかないことも多々ある。このように前置きを置かずに急に会話文が飛び出すことは、我々に会話文を浮き上がって見せて強調するという効果ももちろん果たしているが、この小説上ではさらにもう一つの効果も狙っているように見える。修飾文によってそのセリフを放った人物の心情、様子を知らされないまま会話文を読まされる我々はその会話文の次に書かれている修飾の文章を読むまで、一瞬ではあるがそのセリフが持つ意味を確定できないのだ。この作者の意図が確定できない時間が読み味にスリルを与えるのであり、それが謎解き系の読み物の醍醐味とも言えるだろう。

会話に関しては後ろから修飾、または修飾しないという姿勢を徹底することで一セリフごとに瞬間的な不安を我々に与えたが、この他にも作者がわざと読みの幅を残す時間をつくることが行われている。それは比喩だ。この小説には正直言ってかなりわかりにくい比喩が多数使用される。もはや定型文のようになっていて読んだ瞬間に意味が理解できる比喩というのもこの世にはたくさんあるが、この物語中で使用される比喩はそうはいかないものがほとんどだ。読んだ瞬間にその比喩の意味を理解することが難しいものが多かった。しかしそれらの比喩には直後か、少し後に作者から読者が納得できるような説明がなされていた。また、比喩とは違うが、おそらく比喩と同じ効果を狙って使われた技法がもう一つある。それは行為者の名前や実行された行為を隠すような描写を使うことだ。例えば、ミルクマンとギターが袋の中身が金塊だと思ってパイロットの家へ忍び込んだ時、逃げる二人を家の中から見送る人物の名は明かされなかった。しかし、ものを噛んでいる仕草から私たちはそれがパイロットだということはわかるし、実際にそれがパイロットであったこともすぐに明かされる。他には、ミルクマンがギターの部屋で自分を殺しにきたヘイガーを、目を閉じながら待っているシーン。ここでは窓を割って入って来たということがわかるのだが、「窓を割った」という表現自体はない。しかし窓に穴が空いた直後に「靴を履いた」という描写があることから、我々はヘイガーが靴を脱ぎ、それで窓を割ったのだと知ることができるようになっている。このように、比喩では無い方法でも、読者に読んだ瞬間に理解させるということはさせず、少し考えさせるようにしていることがわかる。

書き出しを見ると、「ａミステリー風なこの物語にとっては情報開示のタイミングや順序も大事であるが、ｂ読者をじらすこと、わざと読者に疑う間を与えることも大事なのではないだろうか。」とある。段落の最初は、常にその段落全体で何をいうのか、抽象的にまとめるものなので、この書き出しは悪くないようである。

ただ、ａの部分とｂの部分の接続関係がスムーズではない。「ａも大事だが、ｂも大事」の書き方では、ａとｂは対立する関係になってしまう。だが、「読者をじらす」のは「情報開示の方法」によって行うものなので、対立関係ではない。ｂはａによる効果、もしくは帰結である。「情報開示のタイミングや順序を工夫することによって、どのような効果がでているだろうか。第一に、読者をじらすこと、わざと読者に疑う間を与えることを行っている。」のようにするといい。

このように、複数の事柄をつなぐときには、その関係性も常に注意が必要になってくる。これが「論理的」思考ということになる。

†トピックセンテンスを活用する

その先（すなわち、具体論の部分）の展開の仕方は悪くない。「読者をじらすこと」をより詳細にし、それが「会話」で行われていると論じたうえで、「この小説では会話文が前から修飾されることはほぼない。」とさらに具体的にしている。このように、階段を下りていくようにだんだん具体的にしていくことが望ましい。段落の最後は「一瞬ではあるがそのセリフが持つ意味を確定できないのだ。この作者の意図が確定できない時間が読み味にスリルを与えるのであり、それが謎解き系の読み物の醍醐味とも言えるだろう。」となっていて、抽象度の高いまとめがきているから、「抽象→具体→抽象」の形ができている。第三段落も悪くはないが、途中でテーマが変わっている。前半は比喩の使い方の話をしているのに、後半は「行為を隠す描写」の話になってしまっているのである。原則①に従って段落を分けたほうがよい。特に書き慣れていないひとは、同じ段落で複数の話題をとりあげてしまうと、話が混乱してしまう危険性がある。

さて、以上を踏まえて、O君が書き換えたものを見よう。

情報の開示方法自体にも特長がある。その特長とは、読者をじらすこと、わざと読者に疑う間を与えるということだ。そしてそれはこの小説では至るところで行われているが、この小説における会話文の扱い方にそれが最も顕著に表れていると私は考えている。この小説では会話文が前から修飾されることはほぼない。必ずと言っていいほど会話文の後から修飾がくるし、修飾文がつかないことも多々ある。このように前置きを置かずに急に会話文が飛び出すことは、我々に会話文を浮き上がって見せて強調するという効果ももちろん果たしているが、この小説上ではさらにもう一つの効果も狙っているように見える。修飾文によってそのセリフを放った人物の心情、様子を知らされないまま会話文を読まされる我々はその会話文の次に書かれている修飾の文章を読むまで、一瞬ではあるがそのセリフが持つ意味を確定できないのだ。この作者の意図が確定できない時間が読み味にスリルを与えるのであり、それこそが謎解き系の読み物の醍醐味だ。

会話に関しては後ろから修飾、または修飾しないという姿勢を徹底することで一セリフごとに瞬間的な不安を我々に与えたが、この他にも作者がわざと読みの幅を残す時間をつくることが行われている。それは比喩だ。この小説には正直言ってかなりわかりにくい比喩が多数使用される。もはや定型文のようになっていて読んだ瞬間に意味が理解できる比喩というのもこの世にはたくさんあるが、この物語中で使用される比喩はそうはいかないものがほとんどだ。読んだ瞬間にその比喩の意味を理解することが難しいものが多い。しかしそれらの比喩には直後か、少し後に作者から読者が納得できるような説明がなされている。このような比喩の例を一つ引用したい。ミルクマンの母親ルースとテーブルにあるシミがもつ関係が説明される序盤の文章だ。「食卓の用意をしたり、食堂を通り抜けたりするとき、ルースがそのしみに眼をやらないことは決してなかった。

窓辺に引き寄せられてもう一度海面を見つめる燈台守のように、あるいは運動時間に中庭に出て、機械的に太陽を探し求める囚人のように、ルースは一日に何度もそのしみを探すのだった。」読んだ瞬間にこの比喩の意味を理解するのは難しいだろう。しかしこのすぐ後にこの比喩に対する説明がある。「係留ブイや太陽を求める、燈台守や囚人と同じように、ルースはそのしみを一つの標識として、世界がまだそこに存在していることを、これは現実の生活であって夢ではないことを、自分に保証してくれる安定した視覚対象と見なしていた。」つまり燈台守にとって係留ブイ、囚人にとって太陽がもつ意味はルースにとってしみがもつ意味と同じだということ。それぞれにとっての、世界がそこにしかと存在していることを保証して安心を与えてくれる存在が、係留ブイ、太陽、しみであるということを言っているのだ。このような観念的なものが投射された比喩はわかりやすいとは言えないが、理解できれば作中の観念的事象をより正確に理解することに役立つ。そしてなにより難解な比喩の意図を知れた時の喜びが、この小説を読みがいあるものにしていると言えるだろう。

また、比喩とは違うが、おそらく比喩と同じ効果を狙って使われた技法がもう一つある。それは行為者の名前や実行された行為を隠すような描写を使うことだ。例えば、ミルクマンとギターが袋の中身が金塊だと思ってパイロットの家へ忍び込んだ時、逃げる二人を家の中から見送る人物の名は明かされなかった。しかし、ものを噛んでいる仕草から私たちはそれがパイロットだということはわかるし、実際にそれがパイロットであったこともすぐに明かされる。他には、ミルクマンがギターの部屋で自分を殺しにきたヘイガーを、目を閉じながら待っているシーン。ここでは窓を割って入って来たということがわかるのだが、「窓を割った」という表現自体はない。しかし窓に穴が空いた直後に「靴を履いた」という描写があることから、我々はヘイガーが靴を脱ぎ、それで窓を割ったのだと知ることができるようになっている。このように、比喩では無い方法でも、読者に読んだ瞬間に理解させるということはさせず、少し考えさせるようにしていることがわかる。

いかがだろうか。元の文章と比べてほしい。この修正されたバージョンでは、三つの段落に三つのことが書かれている。また、傍線部分（各段落の最初）に注目してほしい。段落の初めは、その段落全体を予告するものである。そのような文は、段落の主題を明示するものなので、**トピックセンテンス**と呼ばれる。もともとは英語などの論文の書き方から輸入されたものだろうが、トピックセンテンスがあると何が論じられるかが明確になるので読みやすくなるし、書き手のほうとしてもこれを作ることを意識すれば、自然と原則①

の「一つの段落で一つのことを言う」が身についてくる。トピックと関係のない話は入れてはいけないのである。

次に、この三つの段落の関係に着目してみよう。これらは並列の関係であり、すべて序論で予告されたテーマの具体的な例1、例2、例3となっていることが分かる。よって原則②「話題を一貫させること」に適合している。論述が左に行ったり右に行ったりしていないので、スムーズに理解できる。

†「全体的・抽象的→具体的→全体的・抽象的」の流れ

最後にこの項目の結論部分を見てみよう。結論部分では、それまで論じられてきたことを総括する。O君のレポートでは、最初からこれはよくできていたので、修正意見はつけなかった。

これらの、修飾の順序、比喩、特定のものを隠す書き方は、全て一つの目的に繋がっているように思える。その目的とは、読んでから理解するまでにラグをつくるということだ。この小説では読者の不安や読みを広げるように煽ってから意味を明かして確定させることをくり返していく。このような技法を多用することは、第二部においてデッド家のルーツの謎を、集めた真実をつなげて明らかにしていく時のミルクマンの高ぶる気持ちに、この「ソロモンの歌」を読むという行為によって同調する準備を我々読者にさせるという最終目的に帰結しているのではないかと私には思えたのだ。

ミルクマンは真実の断片からデッド家の謎、自分の周りの出来事のつじつまを合わせていくが、我々も同じようにデッド家の謎、物語上の時系列を頭の中で組み立てなければならない。ソロモンの歌は読了後でしか物語を俯瞰して見ることができないようになっている。全体的な構成としては、第一部で真実の断片を集め、第二部はそれをつなげていく解決編と言うことが出来るだろう。文体と構造が物語中のミルクマンの行為と似たことを読者に求めるので我々は彼に同感しやすくなるのだ。

最後から二番目の段落の書き出しは「これらの、修飾の順序、比喩、特定のものを隠す書き方は、全て一つの目的に繋がっているように思える。」となっており、ここまで述べてきた三つについてこれからまとめに入ることの予告になっている。いい構成である。

またこの結論部分は、そこまで述べてきたことを単にまとめているだけではない。「全体的な構成としては、第一部で真実の断片を集め、第二部はそれをつなげていく解決編と言うことが出来るだろう。文体と構造が物語中のミルクマンの行為と似たことを読者に求めるので我々は彼に同感しやすくなるのだ。」と最後に持ってきており、第一部と第二部の性格の違いに言及している。

O君のレポートでは、次の項目が「第一部と二部の時間の違いと、それに伴う描写変化」になっていた。つまりこれは、結論でありながらその先につながる予告ともなっているのである。このように、一つの項目が終結して次の話題に移る際、その予告までも行えると、非常にスムーズになる。出版されている書籍をよく見てみると、章の最後の部分で次の章の予告を行っていることが多いから、注意して読んでみるといいだろう。

以上に述べてきた通り、説明的文章や論説文などでは、基本的に「序論（導入部分）↓本論↓結論」の形で書くのがいい。これは本のように長いものであっても同様である。序文ではその本全体でどのようなことを述べるのかをまとめる。本論ではより具体的なテーマについて論じ、最後にそれをまとめる。序論内部や本論内部でも同じで、まず導入で話題が何かを示し、徐々に具体的な記述を進めていくことになる。「全体的・抽象的↓具体的↓全体的・抽象的」の流れを常に意識できるといい。

†まずは気にせず書いてみて、後に整理する

ここまで述べてきているように、文章を書く場合には、その語る順番が重要である。し

かし私たちの脳内では、最初から理路整然と意見がまとまっているわけではない。どうすればいいのだろうか。

私の場合だが、最初に行う作業はブレインストーミングである。ブレインストーミングとは、とりあえず脳内にあるものを順番を気にせずに書き出してみることである。リスト化されて目の前にあるだけで、ずいぶんと整理しやすくなる。次にその書き出されたものを見ながら、どういう順番で並べたらいいかを考える。

この辺りで時間を浪費する人が多いのだが、私はとにかく書き出してしまうことをお勧めする。書き出してみると、さらにいろいろ思いつくものだ。論文ならば、さらに調べなければならないことも見つかるだろう。当初予定になかったことが頭に浮かぶと、そこでフリーズしてしまう人もいるようだが、そうした場合にはあまり順番を気にせず思いついたことを書いてしまったほうがいいと思う。最初のブレインストーミングを第一次ブレインストーミングとするなら、これは第二次ブレインストーミングとでも呼べるだろう。

こうして出来上がってくる文章は、まだ非常に読みにくい文章であるはずだ。しかし書くべきことがすでにある程度文章化されてくると、それを並べ替える作業は、それほど難しくなくなってくる。「書けない」と言う人ほど、とにかく書くことが重要なのだ。

さて、ここで例にあげたO君のレポートは、話題も一貫しているし、叙述の展開としてはもともと悪くなかったので、それほどストレスなく読むことができるものだった。しかし、読者にストレスのない流れを作るのは、意外と難しい。書きたいことが頭の中にたくさんあったとしても、それは塊としてあるのであって、順番に並んでいるものではない。塊としてある思考を順序よく並べていかなければならないのである。言い換えれば、小説以外の文章でも、一種の「ストーリー」構築が必要になってくるのである。次章では、叙述の展開（叙述する順番）についてもう少し考えてみよう。

第六章

情報を整理し、ストーリーをつくる

†どんな文章にもストーリーがある

小説文のところで言及したが、前衛的な小説などを読んで「何がいいたいか分からない」と言われるのは、たいていは因果関係がよく理解できないのだとした。私たちは小説文では無意識のうちに出来事A→出来事B→出来事C……というように、それぞれの出来事を関係あることの連鎖として、つなげて読んでいる。

実は、これは小説文に限った話ではない。それ以外のジャンルの文章にも一種のストーリーがあり、読者はそれを追いかけて読んでいる。ここでいう一種のストーリーとは「関連する事項の束」とでも呼んでおこう。関係のない話がただ羅列されているのでは、文章にはならない。それぞれの事項が有機的につながっていかなければならない。

さらに言えば、説明文や論述文などでも、何らかの「変化」があるほうが、おもしろくなりやすい。ただ説明が羅列されるだけでは、平板で退屈な文章になってしまう。「変化」のレトリックをここで確認してみよう。

例えば本書前半では、小説文について述べたが、私は次のようなストーリーにそって説明した。

最近、小説文の授業が必要かとの議論がある→そもそも、国語の「小説文」を扱った授業では、何が目指されていたのだろうか→典型的な授業の紹介→その問題点の指摘と謎解き→一歩進めるには

ここで、こうした説明文における「ストーリー」と小説、映画、漫画などの物語との類似を考えてみよう。

典型的な物語では、初期状態が導入されると、そこにある種の危機や何らかの変化がもたらされ、動揺する。例えば映画『君の名は。』であれば、初期状態は田舎町で暮らす女子高生と、都会の男子高校生の生活である。そこに、二人が入れ替わるという変化がもたらされる。さらに、二人は次第に恋に落ちていく。

次に、その変化に対して解決が目指されることになるが、通常は簡単にはいかない。試練が訪れる。それを何らかの方法で解決する。『君の名は。』であるなら、出会いに向けたプロセス、問題解決が目指される。スポーツ漫画であれば、初期状態の主人公に対して、強力なライバルが登場するなどする。試練を克服して、それに打ち勝つプロセスになっていく。

説明的な文章の導入部分は、物語でいえば初期状態にあたる。導入（序論）は、多くの場合、旧情報、つまり読者が知っているであろうことからスタートする。本書では、誰しもが受けたであろう小説文の授業と、それに対する典型的な不満から始めた。これが初期状態にあたる。そこに、「それはいったい何をやっていたのだろうか」「本当に意味があったのだろうか」という問題提起を行った。これが物語で言うところの「変化」の導入にあたる。

そこからさまざまな解決が目指されるわけだが、そう簡単に解決にはいかない。徐々に議論を深めていく。物語で言えば、問題解決への奔走、強力なライバルを打ち破るまでのプロセスにあたる。

説明的文章では、単に議論がストーリー的に「変化」していくだけではない。それを追いかけていくうちに、読者自身の認識を変化させようとする。つまり読者が知っていることからスタートし、問題提起をすることによって、先が気になるようにしむけるのである。そしてそれが様々なプロセスを経て深化していき、最終的に読者の知識や認識などが新しい段階に至ることを目標とする。

学術論文であっても、ストーリー的に進んでいくのはかわらない。学術論文では通常、「先行研究の検討」から始める。「先行研究」とは、これまでどのような研究がされてきたかということである。これをまとめることによって、今までどんなことが知られてきたのかを明らかにする。その上で、さらなる問題提起を行う。つまり、「今知られていること」から「知られていないこと」「解決すべきこと」を発見し、提示するのである。そして、その解決に向け、関連することを順番に並べていく。

ところで学術研究にはお金がかかることが多いが、そのために「科学研究費」（科研費）というのがある。研究の内容を書いて、それが採択されれば経費が支給されるのである。その申請書を見ると、

（1）本研究の学術的背景、研究課題の核心をなす学術的「問い」、（2）本研究の目的および学術的独自性と創造性、（3）本研究で何をどのように、どこまで明らかにしようとするのか、について具体的かつ明確に記述してください。

と書いてある。まず背景を書くのは、これまでの状況（既知の情報）を書いたうえで、そこから「独自性」を引き出し、それをどう明らかにしていくかを書けということで、これはつまり**「あなたの研究をストーリー仕立てで説明してください」と要求している**のである。

世の中、思ったよりストーリーでできあがっているのだ。ちょうどこの原稿を書いているとき、保険会社のセールスマンがやってきたのだが、その説明もストーリー仕立てであった。

まずは、「将来どのくらいお金が必要だと思いますか？」という問いから始める。これで聞き手がやや不安を感じると、次に高齢化社会の話をする。昔は何十人で一人の老人を支えたが、もう少したつと二人で一人を支えることになる、当然、支給される年金は減るだろう、と言う。次に、「お金をたくさん貯金しておけばいいと思いますよね？」と問いかけた後で、「もし政府が目指す二パーセントのインフレが続いた場合」の現金価値の下がり具合を具体的に示してくる。

そこでようやく「そんな将来に向けて保険を！」と来るわけである。いきなり保険の説明をするよりも、こうしたストーリーを組んだほうが、説得しやすいのであろう。もちろん、相手をだます場合にもストーリーは使えるから、聞く側としては注意しなければならない。科研費の申請で採択されるものにしてもストーリーの組み方がうまいだけのこともある。本当に優れた研究なのかどうか、判断するのは簡単ではない。

†情報の新旧の順番は間違えてはいけない

文章は人に読ませるために書くものである。それも、読み手がすべて知っていることを書くのではなく、知らないはずの情報を何事か伝えるために書く。そのためには、前提となる状況、背景知識、読者が知っているであろう旧情報からスタートするのが望ましい。そのうえで、新しい情報につなげていくのである。

このように文章には**旧情報**と**新情報**の区別がある。旧情報とは、すでに読者が知っている知識、すなわち、その文章の前に書かれていることや、誰でも知っている情報のことである。一方の新情報とは、そこで初めて出てくる情報である。いきなり新情報から始めるのは例外的な方法で、基本的には旧情報→新情報の流れで進めなければならない。

簡単な例でみてみよう。

私が昨日学校を休んだのは、風邪を引いたからだ。

私は今日熱があるので、学校を休むことにします。

前者の文では、「学校を休んだ」ことは旧情報に属する。伝えたい情報は「風邪を引いた」ことのほうで、こちらが新情報となる。新情報のほうが特に伝えたいことになるので、情報の焦点とも呼ぶ。後者はどうかというと、情報の焦点は「学校を休むことにします」のほうだ。ここからも分かる通り、新情報（情報の焦点）は述語の位置に置く。一方、旧情報に属するほうは、主語、または従属節に置く。「今日熱があるので」は原因を表す従属節である。

新情報として語られたことはその時点で旧情報と化す。今、私は「情報の焦点と呼ぶ」と書いた。これは、読者にとっては目新しいであろうと想像し、新情報として提示した。ここで説明したので、次の文では「情報の焦点は」と主語にした。説明済みのものは、旧情報にできるのである。さらに、その後に「「学校を休むことにします」のほうだ。」と、述語で新情報を加えている。

この順番が適切でないと、非常に読みにくい文章になってしまう。

†情報が錯綜する読みにくい例

そこで悪い例として非常に読みにくい文章を一つ読んでみよう。次の文章は『ボリビアを知るための73章』(真鍋周三編、明石書店、二〇一三年)という本からの抜粋である。ボリビアとは、南米にある国家で、大航海時代の後、スペインの植民地となっていた場所だ。簡単には頭に入ってこないだろう。

「一八世紀のトゥパック・カタリの反乱」

一八世紀末のアンデス地域においてはスペインの植民地支配を根底から揺るがすほどの強力な反植民地運動の嵐が吹き荒れたのであった。この大反乱は原住民による「国土再征服」の観を呈しさえした。反乱は直接的には、一八世紀ペルー副王領における原住民社会の構造と原住民に対する収奪機構である貢納、ミタ(賦役。とくにポトシ銀山のミタがよく知られている)、レパルティミエント(地方行政官〔コレヒドール〕が管轄区の原住民に物品を強制的に割り当て、その代価を強制徴収する方式)が背景になっている。それにもまして、植民地社会全体に影響を与えた要因としてカルロス三世の改革(一七六三~八七年)に着目する必要がある。カルロス三世の改革とは、ラプラタ副王領の新設、新税の創出、アルカバラ（販売税）の値上げ、自由貿易勅許の発布、原住民の農産物や従来免税措置がとられてきた食糧などの大衆消費財へのアルカバラ課税などからなっている。このことがペルー副王領の社会経済構造全体を根底から動揺させ、原住民を危機に陥れたのである。

クスコ方面から南進してきたトゥパック・アマル反乱軍がランパ地方を襲撃し、ラレカハ地方の首都ソラタ市が次の攻撃目標になったとのニュースがラパス市に届くと、アルト・ペルーではラレカハ地方のコレヒドールであったセバスティアン・デ・セグロラが当局側の軍事指揮官に任ぜられ、ラプラタ副王の指示のもとで対抗措置がとられることになった。彼はスペイン人とメスティソからなる討伐軍をラパスからソラタに差し向けるとともに、一七八一年一月一日、大量の武器弾薬を調達し、軍団の編制を行う。一方、この時点でポトシ市北方で発生していたチャヤンタの反乱が急速に拡大の兆しを見せ始めた（トマス・カタリの逮捕後、チャヤンタの反乱は彼の兄弟であるダマソ・カタリとニコラス・カタリによって指導された）。カランガス、パリア、チャヤンタ地方では反乱が激化し、通信が途絶えた。それでもセグロラは各拠点に現金や武器をばらまき、反乱軍に対抗する。しかしシカシカ地方、パカヘス地方（この両地方は一七七〇～七一年にも原住民の反乱を経験していた）、そしてユンガスの首都チュルマニはラパス市からの援助が得られず深刻な事態に陥っていた。兵員募集の望みも絶たれ、当局の形勢は悪化するばかりだった。

タイトルを見ると、「一八世紀のトゥパック・カタリの反乱」とあるから、主なテーマはトゥパック・カタリという人物の起こした反乱について述べられるはずである。「序論」にあたる第一段落を見ると、前章で見たトピックセンテンスがあって分かりやすい。「一八世紀末のアンデス地域においてはスペインの植民地支配を根底から揺るがすほどの強力な反植民地運動の嵐が吹き荒れたのであった。」とあるから、アンデス地域の「反植民地運動」、つまり原住民による反乱がこの章全体の話題となっていることが分かる。

この第一段落ではさらに、その反乱がおこった原因がいくつか具体的に挙がっている。ここだけ見ると、構成上は分かりにくいというほどではない。ただ、用語の解説は不親切だ。「ミタ（賦役。とくにポトシ銀山のミタがよく知られている）」「ラプラタ副王領の新設」などは分かりにくいが、その説明はこの先も出てこない。さらに、最後まで読んでも「ラプラタ副王領の新設」がなぜ反乱につながっているのかが書かれていない。

本来であれば、第一段落は全体の予告にしたいところであるが、その後に詳しい説明がどこにもこない。予告編だけで終わってしまっているのだ。さらには、この章のメイントピックである「トゥパック・カタリの反乱」について何も触れられていないから、序論からの一貫したストーリー形成ができていない。

そのあたりは目をつぶるとしよう。しかし、波線で示した第二段落の始めかたは最悪である。「クスコ方面から南進してきたトゥパック・アマル反乱軍がランパ地方を襲撃し、ラレカハ地方の首都ソラタ市が次の攻撃目標になったとのニュースがラパス市に届くと」は全体として従属節である。従属節は文字通り、主節に従属するものであり、その後ろ側が新情報となる。従属節部分は旧情報に属する。

つまり、トゥパック・アマルなる人物の反乱軍が蜂起していることが、すでに前提とされてしまっているのである。この人物に関する情報はそれまで何もないし、具体的な反乱の経緯などは何も書かれていない。加えて、この文章のタイトルは「トゥパック・カタリの反乱」であって、「トゥパック・アマル」ではない。いったいこの二人の関係がどうなっているのかも、一切説明がない。説明されるべき新情報が、突然出てくるために読みにくい。

さらに「クスコ方面」「トゥパック・アマル」「ランパ地方」「ラレカハ地方」「ソラタ」「ラパス」などと、それこそよく知らないワード（新情報）のオンパレードである。

以上を踏まえて書き出しの部分をその場しのぎで書き換えてみよう。次のようにしたらどうだろうか。

重大なものとしては、トゥパック・アマルの反乱が挙げられる。トゥパック・アマルは一七八〇年末、クスコ方面から南進してランパ地方を襲撃し、次にラレカハ地方の首都ソラタ市が攻撃目標にされた。そのニュースがラパス市に届くと

このようにすれば、多少ましになる。トゥパック・アマルの反乱と、その行動をそれぞれ新情報として書き直しているのが分かるだろう。だが、それでも分かりやすくはない。私なら第一段落と第二段落の間にもう一段落入れて、重要な反乱を要約しておくだろう。そうすれば全体の予告となり、スムーズな文章になる（この文章は最後まで読んでも全体像が分からないので、要約を乗せることができない）。

その先も読んでいこう。なんとか意味を取って、セバスティアン・デ・セグロラなる人物が軍団を編成したという情報を理解したとしよう。すると次に波線を引いた文章が来て、混乱させられる。

一方、この時点でポトシ市北方で発生していたチャヤンタの反乱が急速に拡大の兆し

を見せ始めた（トマス・カタリの逮捕後、チャヤンタの反乱は彼の兄弟であるダマソ・カタリとニコラス・カタリによって指導された）。

特に問題なのは括弧の中であろう。「トマス・カタリの逮捕後」と、またしても従属節に新情報が置かれている。なにせ、いまだトマス・カタリなる人物については何も説明されていない。それなのにそれが「逮捕される」ことが前提とされてしまっているのである。

さらに言えば、時系列を無視していることも分かりにくさに関係している。ここの文脈はまだ一七八一年一月の話をしているはずなのだが、実はトマス・カタリが逮捕されるのはもっと後のことなのである。私たち人間は、時間軸に沿って物事を把握しているので、基本的には時間軸に沿った叙述をしなければならない。これを時間順序原則と呼ぼう。もし時間順序原則から外れた叙述を行う場合には、少し書き方を変えてそれを明示する必要がある。括弧の中は「後にトマス・カタリが逮捕されるとチャヤンタの反乱は彼の兄弟であるダマソ・カタリとニコラス・カタリによって指導されることになる」と書けば、未来のことであることがはっきりするので、多少ましになる。

また、この文章はメインストーリーとは関係していない。サイドストーリーである。サイドストーリーを述べるならば、基本的にはメインの話が終わってから、別にトピックを立てたほうがいい。一貫した展開になっていないので、混乱してしまうのである。

†細部にも読みにくさが潜んでいる

今見た例は、大きい構造に問題のある文章であった。細かい構造でも、読みにくい文章と読みやすい文章が存在する。次の例を見てみよう。

六経などの文献の伝播《でんぱ》を地域の視点から確認しておこう。〈郭店簡〉には『六徳』など、後世に伝わらなかった佚書《いっしょ》のほか、伝世文献に対応するものとしては、現在の『礼記』の緇《し》衣《い》篇に相当する『緇衣』が含まれているが、〈郭店簡〉が出土した湖北省荊門《けいもん》市郭店《かくてん》一号墓は、戦国後半期の楚国の貴族墓である。(佐藤信弥『周——理想化された古代王朝』中公新書、二〇一六年)

この段落の主題は、最初の文に示されている通り、「六経などの文献の伝播を地域の視点から確認」することである。しかし、次の文はスムーズには読めない。最後まで来ると、「〈郭店簡〉が出土した湖北省荊門市郭店一号墓は、戦国後半期の楚国の貴族墓である。」とあって、どうやらここの文が「地域の伝播」と関係した叙述であることが分かるが、そこまで挟まれた文が長すぎる。さっと読んだときに頭に入りにくい。文の最後と、次の文の先頭を数珠つなぎのようにしていくのが、読みやすい文にするためには必要である。次のように変えてみよう。

六経などの文献の伝播を地域の視点から確認しておこう。湖北省荊門市郭店一号墓で出土した〈郭店簡〉には『六徳』など、後世に伝わらなかった佚書のほか、伝世文献に対応するものとしては、現在の『礼記』の緇衣篇に相当する『緇衣』が含まれていた。この郭店一号墓は戦国後半期の楚国の貴族墓である。

「地域の視点から確認しておこう」と一文目が終わっている。読み手は、次に「地域の話が来る」ことを予期する。そこで次の文の頭に「湖北省荊門市郭店一号墓で」と、地域の話題を設定している。こうすることで、読み手としてはスムーズに次の文に移ることができる。パッと読んで理解しにくい文は、こうした細かい部分の取り扱いがうまくない場合が多い。

論理的関係ということでは、主語に対応するのは述語である。日本語は述語が最後に来る言語であるので、主語と述語の位置が離れることになる。対応関係にある主語と述語があまりに離れすぎてしまうと、やはり読みにくい文章になってしまいやすい。一例を挙げよう。

三件のうち〈80中山《ちゅうざん》王《おう》嚳《さく》方壺《ほうこ》〉を例に挙げておこう。この器は銘文冒頭に「中山王嚳相邦賙択燕吉金、鋳為彝壺」とあるように、燕王噲《かい》が臣下の子之《しし》に王位を譲り、国内が混乱に陥った燕国に中山国が攻め入った際に、おそらくは略奪した青銅器を鋳つぶして造られたものである。（前掲書、一部略）

この段落の二つ目の文章の主語は「この器」であり、対応する述語は「造られたものである」である。その間に挟まっている文が長すぎるので、ゆっくり意味を取らないと分かりにくい。次のように変えてみよう。

三件のうち〈80中山王嚳方壺〉を例に挙げておこう。この器は銘文冒頭に「中山王嚳相邦賙択燕吉金、鋳為彝壺」とある。燕王噲が臣下の子之に王位を譲った際、国内が混乱に陥った。その混乱につけこみ、中山国が燕国に攻め入ったが、その際に略奪した青銅器を鋳つぶして造られたものと推測される。

「この器は」から始める話題を一度切った。こうするだけでもかなり読みやすくなる。

†話すときにも順序とメリハリは大事

最近は高校の国語の授業などでも、口頭でのプレゼンテーションをする能力をつけることが目標とされるようになってきている。このような能力は確かに、必要になる場合が多い。

口語によるプレゼンテーションのよい手本は、テレビ番組であろう。「テレビはつまらなくなった」などと言われているが、それでも普通の人の話よりは相当面白い。一時間でも二時間でも見続けられるのは、そのように作っているからである。普通の人の話など、一〇分でも退屈だ。

口頭でのプレゼンテーションの場合も、まずは前提条件を挙げて、テーマを導入し、そこから展開していく。書き言葉と違い、聞き手がその場にいるので、対話的になる。対話的になる場合には、問いかける形式を取ることが多い。

一例を挙げよう。

内村：何の写真か分かりますか？

（白いTシャツの並んだ写真）

山崎：洋服屋さんですよね。

内村：白いTシャツだけを売っている白Tシャツ専門店

二〇一六年千駄ヶ谷にオープンした白Tシャツ専門店。その名も、お店の名前「白T」オーナーが本当に白Tシャツ好きで、世界中の白Tを集めた店始めたんです。ちなみに一番高い白Tは一万八一四四円。表がコットン、裏がシルク。世の中にはこのような驚きの専門店が他にもたくさんあるということで、本日の授業はこちら。

（『スクール革命』二〇一八年五月一三日放送）

ここでは、まず司会者の内村が写真を見せたうえで、「何の写真か分かりますか？」と問いかけている。これが文章で言うところの序論にあたる部分になっている。余計な情報を極力排除し、短い問いかけで導入するのがよい。口語の場合には、耳で聞かなければならないので、情報の処理能力は書き言葉に比べて落ちるからである。

問いかける際、十分に間を取り、聞き手に対して「これからどんな話になるのだろう」

と想像させることが大切である。たくさんしゃべりすぎたり、間を取らなかったりするとメリハリがなくなる。例では最初の司会者・内村の問いに対して、山崎が「洋服屋さんですよね」と答えている。プレゼンテーションの場合には返答を求めないことも多いが、聴衆が頭の中で答える形をとらせるようにする。

次に、ゴシックにした部分が「本論」にあたる部分だが、ここで司会者・内村は早口に切り替わり、一気に情報を流している。何について話すかが明確になった場合、そこから先は水が流れるようにサーッと話すほうが、退屈しにくいし、聞きやすい。

ゴシックの部分が終わると、一拍おいてから結論にあたる部分「世の中にはこのような驚きの専門店が他にもたくさんあるということで、本日の授業はこちら」は、比較的ゆっくりしゃべっている。これは、次のテーマを導入するフレーズともなっており、文章で見てきたのと同じようにストーリーが作られている。きちんとストーリーが作られているし、メリハリのある話し方をしているから、退屈せずに見ることができるのである。

逆に、一定のペースでメリハリなく話されると、聞いているのがつらくなる。もちろん、話し方がうまいだけで内容がない、ということもあるが、話し方がうまくて内容がいいほうがいい。

話がうまくない人、長くなってしまう人の特徴としてもう一つ、余計な情報まで話すぎてしまうことが挙げられる。例えば「電話が来た」一言で済ませられることを「電話がなったので、電話の置いてある机まで歩いて行って、取った」のように引き延ばしてしまう。話が長い人というのはたいていてい無駄が多い。

「余計な情報」を語ってしまうことを漫才にしている例があったので、引用してみよう。

(岩尾) 俺もこないだ腹立つことあってん。道歩いとったらな、向こうからな、靴履いたおっさんががーってこっちにらみながら歩いてくんの。

怖いなと思ってたらその靴履いたおっさんがばーんって。わざと肩ぶつけてきて。「おい。何ぶつかっとんねん?」って言うてくんねん。最悪やと思ってたらその靴履いたおっさんがお前見たことあんぞ。テレビ出てるやろ言われて。顔さしたんや思うてたら「お前あれやろ?」「スピードワゴンのフクダやろ?」誰やねん? 何にも合うてへんやん。

どういう間違え方? 一個も合うてないよっていう。むっちゃ腹立つねん。

漫才コンビ、フットボールアワーのネタの一部である。ボケ担当の岩尾が、おっさんにぶつかられた上に、コンビ名を間違えられた話をしている。このメインの話自体にボケはない。ボケになっている部分は、「靴を履いた」という修飾語が「おっさん」についているところである。

「おっさん」が靴を履いているのは事実だろう。靴を履かないで道を歩いている人はほとんどいない。だが、あまりにも当たり前すぎて情報価値が全くないのである。ここではまったく情報価値のないことを何度も言っていることが「ボケ」となっている。これは極端な例だが、話の長い人は付け加えなくてもいいことをつい話してしまう。ストーリーと直接関係のないことは、省略してしまったほうがいいのである。

†難しいことを分かりやすくするには

先に提示した「読みにくい文章」は、一八世紀ボリビアという、読者にとっておそらくなじみがないであろう話題をあえて選んだ。文章の書き手は、書く対象についてよく知っているかもしれないが、読み手のほうはそうではない。情報を伝えるべき読者にとって分かりにくいところはどこかを常に意識しなくてはならない。

文章が分かりにくいのは、一つには構成の仕方が悪いのだが、もう一つには読み手の知識が足りないということがある。その文章に書かれていない前提を知らないために読者がよく分からないということがある。

また、**人は謎が解かれると面白いと感じる。**小説や漫画などストーリーでは、わざと謎を作っておくのが定石だし、テレビも謎を作っておいてからコマーシャルに入る。先が気になるようにしているのである。

説明文や論説文なども同様で、何事か疑問に思うようなことの謎が解かれていると、面白いと感じられる。逆になぜその話をしているのかが理解できないと退屈になってしまう。学術的な著作、中でも教科書的な文章でありがちなのは、知識を持たない読者にはわけが分からず、持っている読者にはそれを確認するものになってしまうことである。

典型的な例を示してみよう。次の文章は『生成言語学入門』（井上和子・原田かづ子・阿部泰明著、大修館書店、一九九九年）という言語学の入門書から取った。

> 形態素はそれ自体意味を持たない音素が組み合わせられてできている。日本語の例をローマ字で表すと、ame, tenki, musume, tomodati, yuuzyoo になる。ここで仮にローマ字がそれぞれ日本語の音素を表していると考えることにしよう。前に述べたようにそれぞれの音素は意味を持たない。例えば、/ame/ の中の /a//m//e/ は単独には意味を持たない。しかし、/e/ を /a/ に変えると /ama/「尼」になり、「雨」とは別の形態素になる。このように、それ自体は意味を持たないが、形態素の区別をつける音の単位を音

素と呼ぶのである。このようにことばは、種々に組み合わされて形態素を作る音素のレベルと、意味を持つ形態素のレベルという二重構造を持つ。これがことばの特徴の一つであって、この特徴ゆえに、ことばは音素を様々に組み合わせて実に多くの形態素をつくり、多様な意味を表現することができるのである。この特徴はフランスの言語学者マルチネ（André Martinet 1908-）によって二重分節（double articulation）と命名された。

構成上の破綻はないので、言語学の知識がある人ならばこの文章を読んですらすらと理解できるだろう。しかしこれから言語学に入門する人がすんなりと理解できるとは思えない。これは私が大学生の時に授業で使っていた本なのだが、正直言ってその時は読んでもさっぱり分からなかった。本当に初心者に理解させる気があるのか首をかしげたくなる。

この「難しい」文章の謎解きをしていこう。

どうやら、「形態素」「音素」「二重分節」が話題になっているらしいことは分かる。「形態素」については、この部分より手前で説明があるので、先に確認しておこう。「形態素」とは「意味を持つ最小の単位」のことである。例えば「雨漏り、雨傘、雨宿り」などはそれぞれ一つの単語であるが、分解すると「アマ＋モリ、アマ＋カサ、アマ＋ヤドリ」となっていて、「アマ」ですでに意味をもっていることが分かる。こういう単位を形態素と呼ぶ。形態素が「雨《あめ》」のようにそのまま単語になることもあるし、「雨傘」のように別の形態素とくっついて一つの単語になることもある。そしてこの単語が組み合わさって文になるのである。

それでは引用した部分を見ていこう。「形態素はそれ自体意味を持たない音素が組み合わせられてできている」という言い回しは、慣れている人ならばさして難しくないが、そうでなければスムーズには理解できないかもしれない。中でも「それ自体意味を持たない」という言い回しは欧米言語の翻訳調であり、引っ掛かりをもつ読者もいるだろう。この意味は単純で、「意味を持つ最小の単位は形態素だが、その形態素は意味を持たない「音素」の組み合わせからできている」と言っているだけである。

さて、ここでまた「音素」という初心者には聞きなれない単語が登場した。では音素の説明はどうなっているだろうか。「このように、それ自体は意味を持たないが、形態素の区別をつける音の単位を音素と呼ぶのである」と書かれているのはどういうことか。

日本語の例で考えてみよう。母音はa、i、u、e、oの五つである。しかし日本人には同じaやeに聞こえても、言語によっては区別をする場合がある。英語の発音記号を学習したときに、日本語では「ア」になるものがいくつかあったのを覚えているだろうか。

英語では日本語では区別しない音の違いを別の音とみなしているのである。韓国語には日本語の「エ」のように聞こえる母音が二つあって、日本語に近いｅともう少しａに近いｅがある。

日本語ではちょっとａに近いｅを出そうが、そうでなかろうが、同じ音と認識していて、区別しない。このように、物理的には微妙に違っていても、その言語で「同じ音」と認識するものを音素と呼ぶとまず理解しよう。今「「同じ音」と認識するもの」と書いた。では「同じ音と認識する」というのをどう判定するかというと、形態素のなかで判定する。音を変えることによって意味が変わったり分からなくなってしまったりしたら、それは「別の音」であり、意味が変わらないのであれば、「同じ音」である。

「アメ ame」という形態素のｅの音を韓国語にある「ａに近いｅ」の音で発音しても、日本語では意味が変わったことにはならない。ちょっと発音が変だなと思う程度であろう。よってどちらも同じ音素/e/となる。このように、音素そのものには意味がないけれども、形態素の段階で意味の区別が生じるものを音素と呼ぶ。これが「このように、それ自体は意味を持たないが、形態素の区別をつける音の単位を音素と呼ぶのである」の意味である。

今、私は抽象的な説明を具体的にして説明した。具体的にすることは、分かりやすくしたり、説得したりするのに必要な方法であることがここからも分かる。

†単純化させず、分からないことを想像する

『生成言語学入門』に戻ろう。形態素と音素の説明に続いて「このようにことばは、種々に組み合わされて形態素を作る音素のレベルと、意味を持つ形態素のレベルという二重構造を持つ。」と説明され、それをマルチネという学者が「二重分節」と呼んだとある。

マルチネはまず人間の文章から出発して、それを分割した結果、最初の意味を表す形態素という単位を見出した（第一次分節）。そしてその形態素が音素からなっていることを見出した（第二次分節）。これを逆に言うと音素が組み合わさって形態素が作られ、形態素が組み合わさって文ができると考えた。これが二重分節の意味である。

だが、それが理解できたところで、「だから何？」という気がする（私はそう思った）。ここには、なぜそれを「二重分節」などといってことさらに強調しなければならないのか書かれていないのである。わざわざ言語学の入門書に書かれるくらいだから、重要な発見には違いない。だが、なぜそれを論じるのか、なぜ重要なのかが伝わってこない。

言い換えれば、この文章からは、言語に関する**何らかの謎が解かれた感じがしない**のである。それが分かると、深い理解になるし、面白さも伝わりやすくなる。

マルチネが「二重分節」の概念を持ち出したのは、言語の経済性と創造性を説明するた

めであった。私たちは無限に文を作り出すことができる。もしその文がすべて脳の中に蓄えられているとすると、これは大変なことである。極論をいえば脳の容量が無限であることになってしまう。そこでよく観察してみると、無限に見える文は音素の単位にまで分割することができる。音素の数はどの言語でもそれほど多くはなく、有限である。有限でかつ意味を持たない音素を組み合わせて意味を持つ形態素を作り、その形態素の組み合わせで無限の文を作れるのが言語の特徴だとマルチネは考えた。比較的少数の音素をインプットすればいいのだから、経済的だし、それを無限に組み立てられるのだから創造的である、というわけである。

なぜこれが人間言語の特徴といえるかと考えると、言語以外の記号と比較してみると分かりやすい。信号は赤、黄、青から成り立っており、それぞれ意味がある。これを拡張することを考えてみよう。例えば茶色は「この先通行止め」、黄緑は「まもなく警察の取り調べあり」、桃色は「Uターンしろ」などと、取り決めを作ることは不可能ではない。しかしこういう一対一の対応では限界が来るのは明らかである。有限の材料で、有限の意味しか作り出せないからである。犬は人間の言葉を理解しているようであるが、有限の音と有限の動作をつなげることしかできない。「お手」と言われれば「手を出す」というようにである。「お手をした後十分待ってからお座り」のように、創造的な発話を理解することはできない。

以上のように、文章を分かりやすくするためには、相手が分からないであろうことを想像し、その前提を解説する必要がある。さらに、その説明にいったい何の意味があるか、根本的なところも説明できると、謎が解かれた感じがし、面白く感じられやすい。説明が下手な人とうまい人の違いは、往々にしてこの二点に求められる。

ときどき、難しいことを分かりやすくしようとして、単純化してしまっている文章をみることがある。しかし単純化しすぎても誤解が生じたり、深い理解にたどり着かないことが多い。真に分かりやすい文とは、単純化することではない。想定する読者の理解レベルを考えて、分かりにくいところを順序よく理解させ、その意義にまで入り込むことである。

†未知のものを既知のものに置き換える

先に小説文で使われる比喩について述べたが、何かを説明したり、論じたりするときにも、比喩表現はさかんに使われている。読者にとっては未知のことを説明するわけなので、それを既知のものに置き換えることによって伝えようとするのである。

山の中には火光獣がいる。大きさは鼠のようで、毛の長さは三四寸、赤いものもいれば白いものもいる。山より三百里ほどから、真っ暗な夜に山林を見ると、なんとこの火光獣が光り輝き、その様子は火の光と似ている。この火光獣の毛をとり、糸をつむいで布を織り、当時の人は火浣布と呼んだ。(「海内十洲記」『中国古典小説選〈1〉穆天子伝・漢武故事・神異経・山海経他』明治書院、二〇〇七年)

『竹取物語』でかぐや姫が要求する宝物の一つ、「火鼠の皮衣」の元ネタの一つとされる中国の古典から例を取った。この獣は、厳密には鼠ではない。読者にとっては未知のよく分からない動物である。そこで、「大きさは鼠のよう」と喩えているわけである。

こうした比喩は日常でも溢れている。おいしい食べ物のレポートも、たいていは「〜のよう」という形をとって伝えられる。説明文の場合には、相手にきちんとそのイメージが伝わるかどうかが第一に重要だが、そこに面白さを出す場合もある。

而して、ムハンマドが最終預言者であることを承認するなら、イスラームの枠内から「続編の続編」が出現する余地はもう残っていないように思われるのだが、東方の宗教的想像力はこれでもなお鎮まらなかった。アダムからムハンマドにいたる「預言者の周期」は満了したものの、今度はその秘教的意味を解き明かす「イマームの周期」がはじまったと主張して、シーア派イスラームの諸派が出現するのである。長い長い「聖書ストーリー」がやっと『クルアーン』で完結したと思ったら、じつはあれは「第一シリーズ」に過ぎないとされ、間髪をいれずに「第二シリーズ」がはじまったような衝撃である。（青木健『古代オリエントの宗教』講談社現代新書、二〇一二年）

傍線部では、最後の預言者であるムハンマドの登場の後、イマームが登場したことを映画やテレビドラマなどのシリーズに喩えている。宗教的かつ歴史的な内容を、卑近なものに喩えているが、単に未知のものを説明するというより、意外な言い方で面白くしたてていると言える。堅苦しい内容を諧謔的に述べる際にも、比喩は使えるのである。

第七章　論理ではなく、論拠を探せ！

†「論理学」の論理とは違った「論理」

　最初に触れた通り、最近の国語教育では「論理的思考」を養うことが重要とされるようになっている。高校の選択授業では、「論理国語」という名称の授業が新設されることになっている。

　だが、「論理」という言葉が独り歩きしている感も否めない。ここまで二章にわたって「論理的」文章を取り上げているが、あくまで「論理的」であって、「論理」そのものではないのである。

　ある時、数学の先生が「言語ってあいまいで好きではない」という趣旨のことを言っていたことがある。日常言語は厳密に定義されたとおりのルールで運用されていないし、常に例外が発生し続けているから、数学的思考の強い人がこうした感想を持つことは当然のことである。言い換えれば、日常言語は数学のように厳密な論理の世界ではない。

哲学者や言語学者の一部は、日常言語を論理学的に説明しようとしてきた。例えば、ラッセルは、次の二つの文について、見かけの構造は同じであるが、論理的には異なると言う。

AさんとBさんは学生である。

AさんとB君は友達である。

どう「論理」が違うかすぐに分かっただろうか。「AさんとBさんは学生である。」とは、「A・Bともに学生である」ことを表す。つまり、論理的には「Aさんは学生である　かつ　Bさんは学生である」という二つの文を短く言ったものである。

ところが「AさんとB君は友達である。」は違う。AさんとB君の関係を言うものであり、「Aさんは友達である　かつ　B君は友達である」を短く言ったものではない。ゆえに論理的構造が異なるというのである。ラッセルはこのように、文を分析してその論理構造を明らかにしようとした。

また、論理学的に考える人は、「美」やgoodなどの意味についても頭を悩ませる。日常的にはものすごく簡単そうに思えるが、何をもって「美」というか厳密に定義しようとすると、非常に難しいことが分かる。人によって何を「美」とするかは異なるし、goodにしても、その「よさ」とは何かとなると、その対象ごとに異なってくる。車にとっての「よさ」と、飼い猫にとっての「よさ」をそれぞれ説明しろと言われたとしたら、どう説明するだろうか。それぞれまったく異なる説明になるに違いない。では、「美」とは対象のほうにあるのではなく、心の側にあるとも考えられてくる。(このような議論に興味がある方は、「分析哲学」の入門書から読むといい。「美」やgoodの議論についてはオグデンとリチャーズの『意味の意味』〔新泉社、二〇〇八年〕が有名である)。

数学的で厳密な意味での「論理」と、私たちが使っている言語の間には、大きな違いがあることは、これまでの言語学や哲学の研究で明らかにされてきた。「論理」を突き詰めることにももちろん意味はあるが、私たちが普段接している文章はそれとは異なるものである。

山梨正明『自然論理と日常言語——ことばと論理の統合的研究』(ひつじ書房、二〇一七年)には、日常言語と「論理」の「ずれ」の例が多数挙げられている。

その中で二つだけ紹介しよう。

太郎がダンスをし、花子がダンスをした。
太郎と花子がダンスをした。

この二つは、論理の世界ではまったく同一になる。ともに太郎と花子という人物がいて、そのどちらもがダンスをしたことを表す。しかし、実際の文章としては、「太郎と花子がダンスをした」と言えば、この二人でダンスを踊っていると感じるのに対して、「太郎がダンスをし、花子がダンスをした」はそうではない。それぞれが別々にダンスをした、との読みが強くなる。

これは、「太郎がダンスをし、花子がダンスをした」では、「太郎がダンスをした」ことと、「花子がダンスをした」をそれぞれ別々のこととして読むからである。一方、「太郎と花子が」となると、この二人が一体となる感じがする。

では、次の「条件文」を読んでほしい。

おなかがすいているなら、冷蔵庫の中にケーキがあるよ。

ごく日常的な文だが、よく考えると奇妙だ。通常の条件文で、例えば「一時間働けば、一〇〇〇円もらえる」を考えてみよう。この条件文では、「一時間働くこと」が条件となり、それが達成されると一〇〇〇円もらえることが表現されている。つまり「一時間働かないなら、一〇〇〇円もらえない」ということである。

ところが、「おなかがすいているなら、冷蔵庫の中にケーキがあるよ。」は違う。このとき、たまたま満腹であったならば、冷蔵庫の中のケーキが消滅するなどということはない。おなかがすいているかどうか関係なく冷蔵庫の中にケーキはある。だから、この文章は「論理的」にはおかしいことになる。

狭い意味での「論理」を考える人は、文の意味について、「文字通りの意味」を見出そうとする。実際には私たちは厳密な意味で「文字通りの意味」を取っているわけではなく、文脈や常識で判断している。出所はよく分からないが、インターネット上で出回っている話を一つ見よう。よく知られている童謡の歌詞を挙げる。

シャボン玉飛んだ、屋根まで飛んだ、屋根まで飛んで、壊れて消えた。

この歌詞の意味は、普通なら取り違えることはない。シャボン玉が屋根の高さまで飛んで行ったあと、消えたことを表す。しかし、「文字通りの意味」ならば、実は別の解釈も可能である。「屋根まで飛んだ」の「屋根」を主語と取って、「(台風のような強風で)シャボン玉が飛んで、屋根も飛んで行ってしまった、屋根までもが飛んでいって、壊れた」とも、言語形式から言えば解釈することが可能なのである。

ではなぜこんな解釈を取る人がいないかと言えば、シャボン玉が飛んで消えることはごく当然のことであるのに対して、屋根まで飛んでいってしまうような大風の中でシャボン玉を飛ばしている子供がいるとは到底思えないからである。

悪い冗談のようだが、これはまじめな議論なのだ。「文字通りの意味」の「論理」としては、屋根が飛ぶこともありうる。

ちなみに、中国古代の「論理学」とされる『公孫龍子』では、「白馬は馬ではない」とか、「鶏は三本足」とか、「堅くて白い石はない」などといった命題が真剣に議論されている。古代でもこれらは「詭弁」と言われていたが、論理学や哲学で扱っているのはむしろこういう問題である。

いったい何の話をしているのかと思われたかもしれない。「国語では論理力を」と言う人が期待しているのは「AさんとBさんは学生である。」と「AさんとB君は友達である。」の論理構造が違うだとか、「美」の意味は何か、とかではないはずだし、飛んで消えたのはシャボン玉か屋根かの論争でもないはずだし、「白馬が馬ではない」問題でもまずあるまい。

最近しばしばいわれているような「論理的な」国語力とは、「論理的」に違いはないのだが、いわば通俗的な「論理」なのである。

†「論理国語」の論理とはなにか

「論理」という言葉が独り歩きしていると述べたが、では国語において「論理」というものがどういう風に考えられているのだろうか。まもなく新設されることになっている高校の選択科目「論理国語」でどのように想定されているのか、指導要領を見てみよう。「論理国語」を見ると、最初に「性格」という項目があり、次のような文から始まっている。

グローバル化や情報化が進むこれからの社会においては、立場や考えの異なる他者との的確な意思疎通や共通理解、**課題を発見しその解決を導いていくための創造性や合理性**を重視した他者との協働などがより重要になると考えられる。このような社会にあっては、示された**情報の信頼性や妥当性を見極めながら**、他者の主張や考えを的確に理解するとともに、自らの主張や考えについても、相手に受け入れられるよう、**論拠に基づいて効果的に構築する資質・能力**の育成が必要である。（太字は引用者）

この文言で特に注意を払いたいのは太字にした箇所である。まとめるとすれば

①課題発見能力
②情報の信頼性の見極め
③論拠に基づいて構築

の三点である。つまり、与えられたものを暗記するだけでなく、自ら課題を見つけ出す力がまず重視されている。次に、昨今の情報化社会では、誰もが簡単に大量の情報を見ることができるようになったが、同時に大量のデマが飛び交うなど、信頼のおけない情報も非常に多い。もはや、書かれていることを理解するだけでなく、その情報が正しいかどうかを精査する能力も求められるようになっているのである。この能力は、「リテラシー」と呼ばれて、最近よく取り上げられる。発見した課題を解決するには、論拠に基づくことが必要である。

この「性格」を踏まえ、指導要領では「論理国語」の「内容」を次のようにしている。

ア　言葉には、言葉そのものを認識したり説明したりすることを可能にする働きがあることを理解すること。

イ　論証したり学術的な学習の基礎を学んだりするために必要な語句の量を増し、文章の中で使うことを通して、語感を磨き語彙を豊かにすること。

ウ　文や文章の効果的な組立て方や接続の仕方について理解を深めること。

エ　文章の種類に基づく効果的な段落の構造や論の形式など、文章の構成や展開の仕方について理解を深めること。

「ア」は分かりにくいが、煎じ詰めて言えば人間の使う言語がどのようになっているのか、理解しようということだろう。これまで国語教育には言語学の成果がほとんど取り入れられていないし、国語教育系の論文にも言語学は希薄のようである。本気でこれを推進するなら、教員が言語学を学ぶ必要があるだろう。

「イ」「ウ」「エ」はこれまで述べてきたことに近い。要するに論述の文章をうまく書けるようにしようということであるが、「イ」に関して言えば「学術的な学習の基礎」という文言があるのは注意すべきかもしれない。大学以降で行われる学習につなげようという意図が感じられる。

ただこの「内容」は、「性格」にあったような目標とは距離があるように思われる。「性格」に書かれていることのほうが高度である。先に挙げた三つ①課題発見能力、②情報の信頼性の見極め、③論拠に基づいて構築は、新しい学力観であるようだが、実際には学術の世界で昔から行われてきたことであり、大学で学ぶべきものである。しかし残念ながら、これらを学ぶことなく大学を卒業してしまった人も多いだろう。本章では、これらについて、人文研究でやっていることを踏まえて論じてみたい。

†その情報がどうやってつくられたかを読み解く

インターネット、スマートフォンが普及して以来、知識を暗記しているメリットが相対的に弱まった。検索さえすれば簡単に情報が手に入るようになったからである。

しかも、誰もが情報を作り出し、流し、拡散することが可能となった。すると今度は逆に、信頼できない情報が大量に出回ることとなっている。自分たちが信じたい情報だけを信じ、それ以外はすべて排除するという現象もよく注目されている。今や私たちには、書かれている文章を理解するだけでなく、その文章を信頼してよいかどうかを判断する能力も必要となっているのである。

　このような情報を精査する能力は、昨今「リテラシー」と呼ばれることが多い。リテラシーとはもともとは読み書きできる能力のことであるが、最近ではそれを一歩進める必要が出てきているのである。従来は、「根拠」と「主張」の関係を見て、その「主張」が妥当かを検証することが求められていた。もしくは「事実」と「意見」の違いを読み取ることが求められていた。しかし、「根拠」となる「事実」自体が、デタラメであることが多いのである。

　情報を精査するためには「その知識・情報がどのように作られているのか」を認識することが重要である。これは、人文系の学問をきちんと学習することによっても、見えてくる。歴史にしても文学にしても、単に知識を暗記するだけでは、まだその「学」をやったとは言えない。その**知識・情報がどのように出来上がっているのか**が分かるようになることが重要なのである。

　自分の思考がどのように形作られているのか、その思考のプロセスを振り返って考えることができるようにすることも、人文系の学問において重要な点である。もしそれができないのならば、人文系の学問を学びなおす必要があるだろう。

†「教育勅語」をめぐるニセ情報

ＳＮＳ等の発展によって、誰もが情報を発信できるようになったし、誰でもそれに即座に反応できるようになった。それらを観察すると、大量のデマが出回り、またそのデマをあっさりと信じている人が膨大な数いることが分かる。

これを書いている時点（二〇一八年三月）では、森友学園問題が世間をにぎわせているので、それを題材にしてみよう。

森友学園はもともと国家主義的な教育を施す塚本幼稚園で名前が知られていた。その森友学園が不当に安い値段で国有地を買収したのではないかという問題が持ち上がった時、その教育のやり方も話題に上った。塚本幼稚園では教育勅語を暗唱させていたというのである。

これに対して、「教育勅語を暗唱させるのは問題だ」と考える人たちが森友学園の教育に異を唱えた。一方で、「教育勅語は素晴らしい」「教育勅語を批判するのはおかしい」とする意見も非常に多くみられた。なぜなら、それは世界に通用する素晴らしい道徳で、何も悪いことは書いていないからだというのである。ではその「道徳」なるものは何か。原文を引こう。

爾臣民、父母ニ孝ニ、兄弟ニ友ニ、夫婦相和シ、朋友相信ジ、恭儉己レヲ持シ、博愛衆ニ及ボシ、學ヲ修メ業ヲ習ヒ、以テ智能ヲ啓發シ德器ヲ成就シ、進デ公益ヲ廣メ世務ヲ開キ、常ニ國憲ヲ重ジ國法ニ遵ヒ、一旦緩急アレバ義勇公ニ奉ジ以テ天壤無窮ノ皇運ヲ扶翼スベシ。

今はほとんど行われなくなった漢文訓読調なので、意味がよく分からない人が多いらしく、ツイッターなどの言説はこの現代語訳がさかんにリツイートされている。それらは、教育勅語に挙げられている道徳を一二項目にまとめている。簡単に列挙すれば「①父母に孝を尽くす　②兄弟と仲良くする　③夫婦が仲良くする　④友達を信じる　⑤目上には恭しくする　⑥分け隔てなく博愛する　⑦よく勉強する　⑧知能の啓発をする　⑨徳を高める　⑩世の中のためになることをする　⑪法律を守る　⑫義勇心を持つ」となる。

確かにここだけ取り上げれば、何が問題かは分からないかもしれない。しかし、教育勅語の批判をする人は、この道徳の部分を批判しているのではない。問題とされているのは、一二項目目の「義勇心」にあたるところで、原文では「一旦緩急アレバ義勇公ニ奉ジ以テ天壌無窮ノ皇運ヲ扶翼スベシ」とある。つまりこの教育勅語全体の主旨が、「天皇のための国家」であることを前提としており、「臣民」はいったん何かあったならば命を天皇に捧げるべきであるという価値観で書かれているが、その部分は現代語訳では（おそらくは意図的に）改変されている。そしてこの教育が戦前の戦争推進につながったことが批判者の批判するポイントである。

ところが、「教育勅語批判」を批判する人は、「現代に通用する道徳が書かれている」と述べているのであって、まったく議論がかみ合っていない。というより、最初から「教育勅語」も「教育勅語批判」も読んでいないのだろう。

「現代語訳」としているものが、教育勅語全体を訳すのではなく、一部だけを取り出しているのも問題である。前後を読めば、この文章全体が「国民のための国家」ではなく「国家のための国民」という価値観に立っていることが分かる。教育勅語を擁護するのであれば、このポイントを擁護しなければならない。

デマはこのレベルではとどまらない。「教育勅語はアメリカで The book of virtue として英訳され、聖書の次に売れている。世界で認められている日本の道徳だ」というものまで、盛んにリツイートされていた。ここまでくるともはやギャグだと思うのだが、信じられないくらいの人がこれを信じていた。人文学の敗北であろう。そんなに詳しく調べなくても、一瞬でおかしいと思うはずだ。アマゾンで The book of virtue を引くと、八三二頁もあることが分かる。教育勅語を英訳しても一頁かせいぜい二頁だろう。一頁そこらの文章が商品になるわけがないのだから、この時点でほぼデマであることは分かる。八三二頁にまでも引き延ばせるならそれはそれで驚天動地だ。

さらに確かめたければ The book of virtue の目次をアマゾンで見ればいい。そもそもこの本、『不思議な翼——優しさと勇気と夢を運ぶ大人の童話集』というタイトルで日本語訳もされている。タイトルから分かる通り、世界中の道徳に関する童話を集めたものである。どう拡大解釈しようが教育勅語は童話にはならないし、教育勅語が英訳されたものを日本語訳するのもおかしな話だ。

†検証なしに「真実」にはたどり着けない

そもそも、教育勅語が世界で通用するような「日本の道徳」とするのはどうか。先ほど挙げられた一二の道徳は、少し教養があれば儒教の徳目であることが分かる。「孝」「忠」「恭」「信」「徳」「義」などは儒教の基本的な徳目だし、「啓発」は『論語』に出てくる言葉である。江戸時代は学問と言えばまず儒教だったわけで、明治時代に入っても基本的な価値観は儒教的であったことを示している。そしてその価値観は日本独特のものではありえず、東アジア地域に広く広がっていたものだ。「世界に誇る日本の道徳」でないことは確かである。

この件について検索してみると、リテラシーにおいて残念なコメントが非常に多く見つかる。まず、よく見るタイプを挙げてみよう。


ごく普通の道徳心や豊徳の精神を説いたものなんですけどねえ。ああいう手合（注：教育勅語批判派）の多くは日本語が不自由なようで。


このコメントではどこからか流れてくる情報や文章を疑うことなくそのまま信じている。都合よく改変された現代語訳を読んだだけで、きちんと教育勅語を読んですらいないのだろう。

私たちは、自分の気に入った情報をそのまま事実と誤認し、そうでない情報を「デタラメ」と決めつけてしまいがちである。根拠のないことを指摘されても、捏造された情報を流した人物が悪いのであって、自分自身はただその情報をもとにしただけだと考えるようである。

また昨今、「真実」という言葉をよく目にする。以下のごとくである。

「文化の日と言えば、明治天皇の誕生日。教育勅語を作った方。その教育勅語が、実はアメリカでは聖書につぐベストセラーで三〇〇〇万部売れてるのは知ってますか？　教育勅語の中身は知ってますか？　日本人として知っておきたい真実をブログにしました。」

完全なるデマをもとにして根拠のない妄想を繰り広げるブログを書いているのだが、本人は「日本人として知っておきたい真実」を書いていると思っている。

一歩進んだ読解力では、その文章が妥当であるかどうかを判断する能力が必要である。また、自らの信念の根拠が妥当であるか、常に検証ができなければならない。検証をするためには、常にその信念に疑問を向ける必要がある。どうやら、検証能力のない人ほど自分が「正しいことを知っている」と思い込んでしまうようだ。

ではリテラシーを磨くためには、どんな思考方法を取る必要があるのだろうか。

†知識は知識の積み重ねによってできている

昨今、人文学的な「教養」は役に立たないのではないかと言われている。確かに、昔は知識を暗記していることに意味はあった。だが容易に検索できるようになると、暗記していることの意味は薄れてしまうようにも思われる。

だが、実は人文学的な「教養」とは、もともと知識を暗記していることではない。場合によっては、中学生の「歴史マニア」のほうが、歴史の専門家よりも細かいところまで暗記していることはありうる。専門家が専門家たりうるのは、「その知識がどのようにできあがっているのか」を知っている、もしくは検証できるからなのである。人文学系の学問で身につけるべき教養とは、「知識がどのようにできあがっているのか」を意識できるかどうかなのだ。

では、実際に論文の形式を見ながら、「知識がどのようにできあがっているのか」とはどういうことか、見てみよう。

次の文章は私が書いた「日本と中国における『ユリシーズ』のつながり――断片的形式を中心に」という論文の一部分である。内容は特に理解しなくてもいいので、形式を見てほしい。

土居光知の「ギョイスのユリシーズ」と伊藤整の『ユリシーズ』翻訳
日本において『ユリシーズ』およびジョイスが初めて本格的に紹介されることになったのは、土居光知の「ギョイスのユリシーズ」(『改造』一九二九年二月号)である。土居論文ではまずジョイスの略歴が紹介され、続いて前半部分で『若き日の芸術家の肖像』、後半部分では『ユリシーズ』がそれぞれ紹介されている。[注1]『ユリシーズ』に関しては、まず英米での批評が紹介されたあと、いくつかの挿話ごとに内容がまとめられ、それぞれ一部分が翻訳されている。その部分訳には二つの大きな特徴がある。第一に、作中人物の意識を表す部分、内的独白部分が括弧で括られている点があげられる。土居は「かっこは訳者がブルウムが心中で思うことを区別せんため附したもので原書にない」と注記をしているが、この括弧でくくるという方法は後続のテクストに影響を与えた。[注2] 第二に、断片的な語句を比較的分析的に翻訳している。例えば、次のようである。

He strolled out of the postoffice and turned to the right. ① Talk: as if that would mend matters.

His fingers drew forth the letter and crumpled the envelope in his pocket. ② Something pinned on: photo perhaps. ③ Hair? No.[注3]（p.70）

注1　鏡味国彦『ジェイムズ・ジョイスと日本の文壇』（文化書房、一九八三年）、川口喬一『昭和初年の『ユリシーズ』』（みすず書房、二〇〇五年）によれば、『若き日の芸術家の肖像』の紹介はこれが初めてではなく、野口米次郎の評（「画家の肖像」『学鐙』、一九一八年三月）がある。また、芥川が注目していたことが知られ

ている。
注2　翻訳の際、人物の思考を表すのに括弧を使うのは当時一般的であった（川口喬一『昭和初年の『ユリシーズ』』、九九－一〇二頁参照）。
注3　『ユリシーズ』の原文はすべてJames Joyce, Ulysses the 1922 text, Oxford World's Classics, 2008. による。

この段落では、『ユリシーズ』という小説が日本で最初に紹介されたのが土居光知という人の書いた「ヂョイスのユリシーズ」であるとし、その内容を紹介している。まず、「ヂョイスのユリシーズ」に続いて「(『改造』一九二九年二月号)」と括弧の中にその文章がどこに載っているかが書かれているのが分かる。次に注1を見てほしい。注1では、日本で初めて『ユリシーズ』を紹介したのが、「ヂョイスのユリシーズ」であることについて、私が発見したわけではなく、ここで示した先行研究を根拠にしていることを提示している。
　このように、論文では常に情報の出所（ソース）を明らかにしなければならないというルールがある。また、どこまでが人の考えたことであって、どこからが自分の考えたこと・発見したことかを分かるように書かなければならないことになっている。簡単そうに思うが、論文を書き慣れていない学生は情報の出所をすぐ抜かしてしまうし、どこからが自分の考えなのか分からない文章を書いてきてしまう。

これは単に論文の形式に慣れていないからだけではない。**その情報の出所がどこなのかを常に確認する習慣がなく、また自分の考えと人から聞いたり文を読んだりして得たものを区別する思考を取る習慣もないからなのである。**そのため、根拠不明の思い込みを信じてしまったり、人の意見を自分の意見だと思ってしまったりする。この二つはリテラシーの基本中の基本である。情報の出所がどこかを常に問う習慣をつけるだけでも、読み取り方は相当に変わってくるだろう。もちろん情報過多の今日、すべての出所を確認するわけにはいかないが、出所不明の情報にはすぐに飛びつかない、信じないことが重要である。当たり前のようだが、簡単ではない。

情報の出所が分かったとして、次に必要になるのは、その出所が信用に値するかどうかを判断する能力を身につけることである。「ソースはＳＮＳ」「ソースはウィッキペディア」では学術としては失格である。

ウィッキペディアがだめなのではない。最近のウィッキペディアはおおむね正しいことが書いてあることが多い。ウィッキペディアの記述は何を根拠にしているのか、気にしないことがだめなのである。

論文では情報の出所や根拠を明示する。そうすることによってその論が正しいかどうかを他者が検証できる。ここで引用した論文では「ジョイスのユリシーズ」について論じているので、私がこの文章について書いていることが正しいかどうかは、『改造』を読みにいって「ジョイスのユリシーズ」を見れば検証可能である。

ところで私は注1において、情報の出所として鏡味国彦『ジェイムズ・ジョイスと日本の文壇』と川口喬一『昭和初年の『ユリシーズ』』を明示した。この二冊はきちんとした研究者がきちんとした手続きで書いた本なので、比較的信頼性は高い。しかしながら、この本を読んだだけで終わりにしてしまうと、研究の場合には指導教員に相当怒られることになってしまう（卒業論文でもダメである）。

なぜなら、この二冊は二次資料だからである。この場合、一次資料は「ジョイスのユリシーズ」にあたるので、必ずこれを確認にいかなければならない。すなわち、雑誌『改造』を必ず確認しなければならないのである。一次資料にきちんとあたることも、基本中の基本であるが、この重要性は経験がない人はよく分からないのではないだろうか。

一次資料を見る作業というのは、いわば「裏どり」の作業である。例えば三月二二日の晩に殺人事件があったとすると、刑事は疑わしい人物に「三月二二日の晩何をしていましたか？」と聞くだろう。「二二日は出張で北海道にいました」とその疑わしい人物が答えたとして、「なるほど、それならば犯行は不可能だから犯人ではないな」と犯人から除外したならば、刑事失格であることは誰でも分かるだろう。その情報の裏を取っていないからだ。

この裏どりをしてみると、情報が誤っていることが判明することがありうる。実は先ほど挙げた研究書のうち、川口喬一『昭和初年の『ユリシーズ』』には、「ジョイスのユリシーズ」が『改造』昭和五年四月号に載ったと書かれている。そこで私は図書館に行って『改造』の当該号を見たのだが、どこにもこの文章は載っていなかった。実際には昭和四年二月号に載っていたのである。川口氏は何らかの理由でミスをしてしまったのだろう。どんな優れた研究者であっても間違うことはある。

一次資料やその文章が根拠にしているデータ等にあたることは、検証にあたってまっさきにやらなくてはならないことである。その元となっている資料から出発して、妥当な結論に達しているのかを見ていくことになる。

さきほどの論文の注2では、「翻訳の際、人物の思考を表すのに括弧を使うのは当時一般的であった」という川口氏の研究を根拠として、「ジョイスのユリシーズ」において括弧が使われている理由を補足しているが、これも厳密にやるならば、検証が必要になる。この場合には、大正末から昭和初期にかけて刊行された翻訳小説を調べてみれば、妥当かどうか知ることができる。

このように書くと、非常に些末で面倒な作業であり、「役に立たない」と思われるかもしれない。または、このような細かい作業を行うことは研究者だけがやればいいと思うかもしれない。確かに細かい検証作業そのものは研究者が行うことではあるが、一般向けに書かれている新書などの書籍一冊にしても、きちんとした著者が書いている本ならば、膨大な細かい検証作業を積み重ねた論文をもとにして書いているということは知っておいたほうがいい。

というのも最近は新書のような書籍であっても、思い込みやデタラメを根拠にして組み立てた自説を垂れ流している本が残念なことに多く流通するようになってしまったからである。しかもこうした本は細かく検証する必要がないため、極めて容易に作り出すことができてしまう。私も学者としての良心を捨てるなら、大衆の心を扇動できる本をネット上の情報を適当に組み合わせればインスタントな本が書けるだろう。一カ月もかからないかもしれない。

先の論文で示したジョイスの影響など、多くの人にとっては「役に立たない」知識だろうし、括弧が大正末から昭和初期にかけてどのように使われていたかなどもどうでもいい些末なことであると思われるだろう。だが、こうしたことを実際にやったことがあると、情報の見極めに対する感覚が鋭くなる。本来なら、大学のうちに一度はきちんとした手続きを踏んで論文を書き、リテラシーを身につけたいところである。

†「なぜそう言えるのか」と問い続けること

今あげたような、細かい「研究」は一般の人には縁がないかもしれないし、実際に裏を取る作業は大変である。しかしリテラシーを上げる方法はある。それは常に「なぜそう言えるのか」と問い続けることである。換言すれば、ある知識がどのように出来上がっているのかを常に気にすることである。

現在の高校までの教育では、「知識」はそのまま記憶するものとされていることが多い。歴史にしても地理にしても、古典の文法にしても、教科書に書いてあるものをそのまま理解することが求められている。もちろん、何も知らないより、知識は多いほうがいいし、教科書に書いてあることはだいたい正しい。その知識が何を根拠にしているのか、なぜそう言えるのかと常に問えることが「教養」であり、「リテラシー」なのである。学者が言う「教科書を信じるな」とはこういうことであり、トンデモ説を信奉することではない。「知識がどのようにできあがっているのかを知るのが重要」というのは、少なくとも人文学系の学問では常識に属する。しかし残念ながら、高校まででこのような教育がそれほど行われていないこともあって、かなりの高学歴であってもその重要さを理解していない人が少なくないのが残念である。

　歴史の知識で簡単にこのことを例示してみよう。教科書に載っている古代史に関する「知識」は、何を根拠にしているのだろうか。大枠は、『古事記』や『日本書紀』に書かれていることが多い。もちろんそれ以外の資料、例えば発掘された木簡などを根拠にしていることもある。「教科書のここの記述は何をもとにして書いているのか」と問い、それは『日本書紀』のどこどこに書いてあることを根拠にしている」と考えられるだけで、相当なリテラシーが身につくだろう。

　さらに一歩進めるならば、「『日本書紀』とはどのような性格の本だろうか」と問うことになる。ちょっと調べるだけでも、七二〇年に成立したとか、大和朝廷によって作られた、などといった情報が無数に出てくるだろう。もし「七二〇年に成立した」という記述をみたならば、「なぜ七二〇年に成立したと分かるのか」という疑問がすぐに出てくるようにしたい。あるいは、そもそも『日本書紀』の「日本」だとか「紀」とは何か、という問いも比較的すぐ立てられるだろう。これも調べてみれば「日本」という国号は大昔から使われていたわけではないことが分かるはずだし、そもそも「日本」とは中国の言葉（漢語）を用いての国号であることも分かる。では「漢語で国号を付けたのはなぜか」と問えれば、中国を意識してつけられていることも思い当たるだろう。「紀」という名称も、中国の正史から取っていることが分かる。

ここでさらに興味がわいたならば、できれば『日本書紀』の現物を見たい。パラパラめくるだけでも随分違うし、気づくことも多いだろう。当たり前だが、『日本書紀』はすべて漢文で書かれていることが分かる。一次資料をきちんと見るには、漢文が読めなければならないことも分かるし、そもそも神武だとか天智だとかいう天皇の号も漢語であることが分かる。先に、高校一年生に『古事記』の現代語訳を全文読ませる宿題を出したといったが、こうしたことを理解してほしいからだ。

『古事記』や『日本書紀』以前の文献資料となると、『魏志倭人伝』が思い当たる。卑弥呼について書かれている文章である。では『魏志倭人伝』を実際に調べてみるとどうだろう。まず、そんな名前の書物が存在していないことが分かる。本当は中国の歴史書『三国志』の中の「魏書」の中に「烏丸鮮卑東夷伝」というのがあって、その中の最後に倭国の話が出てきていることが分かる。実際に「魏書」を手に取って「烏丸鮮卑東夷伝」を探すと、一番最後にあることが分かる。つまりいわゆる『魏志倭人伝』とは、「魏書」の中で最後の最後に出てくる記述であり、わずか二〇〇〇字程度しかないということも気がつく。この掲載されている位置と分量から推測すると、『魏志倭人伝』が『三国志』全体の中ではたいした扱いではないことが思い当たるだろう。

さて、今のように問いと興味を広げていくとするならば、「終わりがないじゃないか」と言うかもしれない。そうである。調べれば調べるほど疑問は増えていくものである。研究者でないのなら、それ以上調べなくてもよいだろうが、そのような問いがすぐに出るように訓練することが重要である。繰り返しになるが、今書いたような細かい知識そのものが重要なのではない。知識の出所を気にすること、そしてその出所がどういう性格のものなのか考えられることがリテラシーにとって重要なのである。

「教養」のない人ほど「真実」という言葉を使いたがる。これは、きちんと検証するプロセスを経たことがないので、簡単に何かを「真実」と信じ込むことができるからである。歴史を書くためには、膨大な一次資料を突き合わせ、情報の精査を行い、組み立てなければならないが、これはそう簡単なことではない。そもそも、哲学を少し勉強したならば、「真実」とは何かなどと簡単に言えなくなる。人文学の教養を積むと、知っていることが増えると思いがちだが、実は「分からない」ということが分かるようになり、何が分からないか分かるようになるのである。やはり人文学の教養は大切なようだ。

†課題発見は「なぜ」と問うことからはじまる

また、今後求められている能力①課題発見能力も、このようなプロセスによって身につくものである。身の回りのことについて、「なぜ」と問うことから始まる。これは発想力のような、才能に依存する能力ではなくて、むしろ訓練に属する。常に、「なぜそう言えるのか」と問う。問ができたら、それを確かめる。その中に、新たな課題は立ち現れてくる。

研究者としての実感としては、新しい発想というのは、一見するとぜんぜん関係ない分野に眠っていることが多い。中国文学が専門だからと言って中国文学だけ勉強していると、すでに知られていることと以上のことを見つけ出すのは難しい。関係ないこととの組み合わせでそれは見つかる。研究の世界以外でも、これは同様であろう。

課題は無から見つかるものではなく、新しい知識をインプットし、検証していく過程で発見される。

第八章　すべての事実は物語られる

†文学的と論理的の間の日常的な文章

昨今、「論理」という言葉が国語教育において独り歩きしている感があることはすでに述べた。論理的な思考をすることが重要なのは言うまでもないし、理路整然とした文章が書けるほうが望ましい。一方で「文学」が退けられていることも見た。

だが、私たちが日常触れている文章は、「文学的文章」と「論理的文章」の二種類というわけではない。むしろかっちりとした論評に接することのほうがまれだし、一般の人は新聞の社説のようなものは書かない。普段接しているテレビや新聞、インターネットの記事や、ツイッターなど、「実社会」に存在している文章は、文学的とは言えないが、厳密な意味での「論理」よりも、物語的・ストーリー的である。「論理的な文章の書き方」

として学校で学ばせようとしているものも、実際にはその構成・展開の作り方が主であり、ストーリー的である。日常会話でも論理的な話をしているわけではない。

前著『物語論　基礎と応用』で書いた通り、私たちは現実を物語的・ストーリー的に把握しているのだから、これは当然である。本章では、日常的な文章の物語的・ストーリー的側面について考えてみよう。

†価値観によって物語の意味は変わってくる

今、現実は物語的・ストーリー的に把握されると書いた。物語とは時間的展開のある出来事を語ったものである。時間的展開を語るとは、事象Aとそれに引き続いて起こる事象B（さらに事象C、D、E）をつなげて考えるということであるから、ストーリーとなる。物語的・ストーリー的文章では**一回だけ起こる出来事**（エピソード）が語られる。

小説の授業は、道徳的になりやすいという話をした。「羅生門」では、自分が生きるために盗みをすることが悪かどうか、というのがテーマとして取り上げられるし、読書感想文では、「自分も～～していこうと思った」のように、何らかの教訓を得たことを書くことが多い。

逆に小学校で行われる「道徳」の授業も、「国語」的である。「仲間を大切にしましょう」とか、そういう抽象的な文言で教育するのではない。「道徳」の教科書を開くと、数多くの物語が載っていることがわかる。具体的なエピソードとして表したほうが、伝わりやすいのである。

しかも、物語を通じた道徳教育では、そのエピソードから生徒自身に道徳的メッセージを解釈させることができる。うまくすると、生徒はあたかも自発的にその道徳的な解釈を得たような気にもなる。何を善とするかという道徳の問題は、哲学的な問題であり、それこそ「論理的」に考える必要があるが、そうしたことは現在の高校までの教育では行われてはいない。

物語を通じた道徳教育では、生徒に自発的に解釈させる形式を取るが、実際には教材や教員がある方向へと誘導することが多い。私たちが当たり前だと考えている価値観も、学校教育やテレビ、アニメなどを通じて学習しているという面がある。

地域や時代が変われば、その価値観も変わりうる。他国のそれを見ると、違和感を覚えることがあるし、逆に日本の道徳教育の内容も、他国の人には奇妙に映る可能性がある。

中国の学校で学ぶ「物語」の一つに、「愚公移山」という話がある。要約的に示す。

太行山・王屋山はかつて河陽の北、冀州の南にあったが、そこに九十歳になる愚公という老人がいた。その老人が住んでいるところでは、二つの山が邪魔だったので、一族のものを集め、山を平らにしてしまおうと相談した。妻は「山を動かせるはずがない」と反対したが、始めることにした。近所の者が愚公を馬鹿にし、「あなたの余力では山の一部分ですら壊すことができないだろう」と言うと、愚公は「たとえ自分が死んでも子供が残っている。子供はさらに孫を産むし、孫もまた子供を産む。そうしてみれば子孫は永遠に尽きることはないが、山は高くはならない。とすれば平らにできない理由がないではないか」。(列子・湯問第五)

この話を読んで、どのような感想を抱くだろうか。私には愚公の挑戦は非合理的のように思われる。理屈から言えば確かに少しずつ山を切り崩していけばいつかは平らになるかもしれないが、二つもある巨大な山を人力で崩そうと思えば、数十年のレベルでできる話ではないし、その間他の生産活動ができなくなってしまう。崩した土を捨てるところも問題で、他にしわ寄せが来るはずである。自分の家にとって邪魔だという理由で山をどかしていいようには思われない。

だが毛沢東の解釈は異なった。愚公のように子々孫々、困難を克服して労働に励み、共産主義のために邁進しようという比喩に使われたのである。結果から言えば人民は山を切り崩して別のところに移動させようとするような、無意味な労働を強制的にさせられることになったし、深刻な自然破壊がおきた。

もともとの話ではこの後、山の神が天帝に愚公の行為をやめさせるように懇願する。天帝は逆に愚公の誠意に感動し、山を移動させる。これによって、この辺りには山が無くなったとされる。とすればやはり人力では無理で、神の力に頼らなければならないのだが、そのあたりを共産党政権は無視しているらしい。

これは極端な例だが、私たちは何のバイアスもなく客観的に文章を読めるなどということはあり得ない。

†書き手のバイアスと読み手のバイアス

昨今、「偏向報道」という言葉がよく使われるようになった。まったくのデマは論外としても、一見客観的に見える報道でも、必ず何らかの点において「偏向」していること、何らかのバイアスがかかっていることは間違いない。また、「印象操作」という語もよく使われるようになった。確かに、世の中に見られる報道は人々に印象でもって物事を判断させようとしているようである。

しかし、「偏向報道」「印象操作」と言っている当人も、まさしく「偏向」しており、

「印象」に操作されていることも多い。要するに、自分があらかじめ持っている考えと異なるものを「偏向」と呼んでいるのである。最初から結論が設定してあって、それに合うものを「真実」、反するものを「ウソ」と決めつける思考パターンである。

書き手にもバイアスはかかっているが、当然のごとく読み手のほうにもバイアスがかかっている。読み手もそれぞれ、自分の価値観を持っているのだから当然である。しかし読み手は自分のバイアスについてはそれほど意識しない。自分こそが「中立」であり、「客観的」なのだと思ってしまう。

バイアスを意識してもらうために、多くの日本人読者にとっては違和感のある文章を読んでみよう。次の文章は『中国の神話伝説（上）』（袁珂著、鈴木博訳、青土社、一九九三年）の序論第五章から取った。神話についての説明をしている文章である。

これらはもちろん神話的な幻想であるけれども、古代人の科学的な仮説とみなすことができるのではなかろうか。このような仮説は科学的な研究によっては絶対に立証されないが、知識を求めるという点では、神話と科学には共通の精神があり、結局、神話的な幻想から段階的に科学的な発明や創造に進んでいくのである。

ゴーリキーは『ソヴェートの文学』で神話とリアリズムやロマンティシズムとの関係

に言及し、つぎのように指摘している。

（中略）

神話は空想で作り出したものではあるが、虚妄やデマではなく、唯物論とリアリズムにもとづく積極的ロマンティシズムであることがわかる。現実に対して「革命的態度」を取り、幻想的な事物に変えることができ、その結果、「世界を実践的に変革する」ところに、ロマンティシズムの意義がある。したがって、客観的真理を理解して、無知蒙昧やあまり知識がない状態から徐々に科学文明に進むのに役だつ神話もある。神話的な幻想の羽根が飛んでいくところは、けっして人間を後退させず、つねに文化や知識、自由や進歩に一歩ずつ導いていく。「四つの現代化」に向かって勇躍進軍し、科学と文化の発展に大々的に努めている今日、神話は一定の役割を果たすと信じる。

この本のテーマは中国の神話であるが、いったいなぜ神話についてこのようなまとめをしているのか、よく分からないのではないだろうか。しかしこれは四九年以降の中国ではごく普通にみられる文章であり、そうした文章を読んで育った時代の中国人からすれば「当たり前」の書き方である。日本人が違和感を覚えるのは、その前提を共有していないからだ。

四九年以降の中国では、マルクス主義が絶対的に正しいとされた。このため、あらゆる学術はマルクス主義の価値観に則らなければならなくなった。マルクス主義は唯物論といって、「客観的実在」を重視する立場なので、神話や伝説などは「非科学的」「幻想的」なものとして排撃の対象となってしまう。そこでこの作者は、神話や伝説は古代の科学的な精神から出発して作られたものなので、科学と矛盾するものではないことを解き、マルクス主義に違反しないことをわざわざ説明しているのである。中国の学問空間では、最近でも「客観的真理」「科学」という言葉が必要以上に使われているように感じられることがあるが、それはマルクス主義的価値観のためである。

もう一点、ここでは、自説を補強するためにロシア・ソ連の文学者ゴーリキーを引用している。ゴーリキーの文章を引用してくるのも、中国では頻繁に行われた。これはゴーリキーが「社会主義リアリズム」という小説の書き方を作り出した作家であり、それは中国の作家が学ぶべきものであったからである。

なぜ突然ゴーリキーが出てくるのか、と思った読者も多いに違いない。しかし考えてはしい。こうしたところで、日本の文章であれば、「欧米では〜だ」とか、「アメリカ人学者の〜はこう言っている」のように引用されていることが多い。それが当たり前になってしまっていて、違和感を覚えない読者のほうが多いのではないだろうか。だが、なぜゴーリキーでは違和感があって、アメリカの学者であればそうではないのかはよく分からない。一時期の中国人からすれば、ゴーリキーが引用されているのは、「欧米では〜だ」と同じように自然に受け止められていたわけである。

「欧米では〜だ」と言われると、そちらのほうが良いのではないかという気になってしまうのは、「欧米は進んでいる」というバイアスが私たちにかかっているからである。欧米のほうが確かにいいかもしれないし、もしかしたら劣っているかもしれないが、そうしたことはあまり考慮されないのが普通なのだ。

†報道の文章に潜むストーリー

報道文こそ、基本的に物語的・ストーリー的である。というのも、その日にあったことなどの「出来事」が叙述されるからである。一例として今、私がこの文章を書いている日に配信されたニュースを取り上げてみよう。

産経ニュース（二〇一八年三月二九日）

麻生太郎副総理兼財務相は二九日の参院財政金融委員会で、学校法人「森友学園」に関する財務省の決裁文書改竄問題に触れ「森友のほうがＴＰＰ11より重大だと考えているのが日本の新聞のレベル」と述べ、国内メディアの報道姿勢を批判した。
米国を除く環太平洋戦略的経済連携協定（TPP）参加一一カ国で署名した「TPP11」について、麻生氏は「日本の指導力で締結された」と評価した。その上で「日本の新聞には載っていなかった。『日本の新聞のレベルはこんなものなんだな』と思い、（新聞社の）経済部の奴にぼろかす言った。『政治部ならともかく、経済部までこれか』と言っておちょくり倒した記憶がある」と述べた。

この産経の記事では、麻生大臣がマスコミの報道姿勢を批判したという出来事が叙述されている。比較的客観的な記事である。

こうした出来事を表す記事では、「時間、場所」が示されるとともに、登場人物がいて、その行動が示されるほか、人物の発言も掲載される。特定の時間、場所があって、そこで起こった出来事が書かれ、また人物のセリフが書かれているとなると、本書の前半で分析した物語文と実はかなり共通していることが分かるだろう。

まず、私たちはこれをストーリー的に把握している。ストーリー的であるというのは、「時間的展開のある出来事」ということだが、単に時間的展開があるだけではない。「Aの後にB、Bの後にC、Cの後にD」と、**複数の出来事を関連する出来事としてつなぎ合わ**

せている。
日本の情報を一切得ることなくアマゾンを数年間放浪していた日本人が、たまたま二〇一八年の三月二九日に帰国し、この記事を読んだことを想像してほしい。おそらくなぜこの記事が取り上げられているのか分からないはずだ。前後関係を知らないからである。この報道が出た時点で、それまでの経緯を知っている読者は、森友学園問題をめぐる一連のストーリーとして把握している。

発端から考え直してみよう。すべては森友学園が設置しようとする小学校の建設予定地が、国から格安で売却されていたことが報道されたことから始まった。私たちの認識の仕方は、単に「国有地が安く売却された」という事実を知っただけでは終わらないようになっている。「なぜ安く売却されたのか」という因果関係がすぐに知りたくなってしまうのである。時系列に並んだ出来事を複数取り上げ、並べ、そこに因果関係を見出すのが物語の特徴であり、それが私たちの現実認識のありかたなのだ。

小説などにおいて次を期待させる展開のつけ方の常道は、謎を作ることである。謎が設定されることによって、読者はそのありうるべき説明を推測しだすことになる。森友学園物語も同様であった。「なぜ安く売却されたのか」という謎に対して、「ゴミの処分代金である」との理由が挙げられたが、これはありえないことがすぐに確認された。となれば、

「誰か」が「何らかの理由で」安く土地を提供したことになる。その理由付けを巡り、多数のストーリーが構築され、派生した。

さらには小学校の認可についても、財政基盤が弱い森友学園になぜそれが可能になったのか、という謎が持ち上がり、政治家が便宜を図ったのではないかという疑惑が持ち上がった。もし国有地が大幅に値引きされて売られたとしたならば、そこには何らかの力が働いたはずだと原因が推測される。そんなことができるのは、役人か政治家に違いない。では学園とつながりのある政治家とは誰か。そう推測が飛ぶ。そこで登場したのが、名誉校長になることを承諾していたとされる安倍総理大臣の夫人、昭恵氏と顧問弁護士をしていたとされる稲田防衛大臣（当時）であった。

このように、疑惑が疑惑を呼ぶ展開は、小説などに置き換えれば謎が謎を呼ぶ展開ということができる。

次に、稲田防衛大臣と森友学園、および昭恵夫人と森友学園の関連付けが行われることになった。稲田防衛大臣は、森友学園の弁護人を務めた過去があることを最初否定していたが、後に事実であると判明した。昭恵夫人は、百万円を寄付したと森友学園の籠池理事長が証言することになった。関連性がそこに見いだせるとするならば、何らかの便宜供与があったのではないかという物語が作成可能である。しかし両者をつなぐ関連性があっただけでは、便宜供与の証拠にはならない。稲田防衛大臣が森友学園の弁護人を務めること自体には法的な問題は何もないはずだし、昭恵氏が寄付をしたとしても、賄賂になるわけではない。

法的にまったく問題ではないにもかかわらず、弁護人を務めたことを否認しなければならなかったこと、寄付行為が（そもそも事実無根かもしれないが）ないとしなければならないのは何故なのだろうか。

国有地の払い下げ問題に伴って、森友学園の「異様な」教育が取り上げられることとなった。その異様な教育に安倍夫妻や稲田防衛大臣、ひいてはその他の政治家が共鳴していたとするならば、法的な問題はなくてもイメージの悪化にはつながってしまう。安倍総理や稲田防衛大臣らが、右翼的政治思想を持っていることはそもそもよく知られた事実であるが、それ自体は支持率の低下にはつながっていなかった。しかしそれが森友学園物語の一部に組み込まれることによって、安倍氏・稲田氏のイメージまでもが「異様な」ものと受け取られかねない。有権者は、具体的な政策をいちいち吟味した上で判断しているわけではなく、物語的イメージで判断しているから、ダメージになる可能性がある。

その後、森友問題は籠池氏の「ウソ」として片付けられていたが、二〇一八年になって、財務省の公文書が書き換えられていた事実が判明し、新たな展開を生んだ。麻生大臣らの立場としては、森友学園の問題は早期に幕引きにしたいと推測される。その中で出てきたのが先ほどの記事である。わざわざ解説しなくても、二〇一七年から二〇一八年まで日本でニュースに接していたならば、そこまでの筋書きの中にこの記事を埋め込んで理解している。

小説などは、誰かが誰かの視点で語るのであった。今回の事件は、報道する各社の編集姿勢だけでなく、籠池理事長、安倍夫妻、稲田防衛大臣、松井大阪府知事、ノンフィクション作家の多数の語り手が明示的に登場した。一見客観的に見える報道も、実はこうした語り手や視点から構成されているのである。

さらに、**人間は心情をもち、何らかの意図をもって行動する**。森友学園について、政治家がシンパシーを持っていたのではないか、とするのも政治家の内面の問題だし、「役人の忖度があったのではないか」という疑念も、役人の内面についての問題である。国語の問題で登場人物の心情が問われることが多いのは、小説文の重要な構成要素だからであった。内面は客観的な物証としては現れない。しかし意図と心情を持つ動物である人間世界にとって、時には観察可能な客観的世界よりも重要になりうる。

以上、まとめれば、出来事と出来事を取り上げて因果関係で結びつけること、それを語る語り手がある意図をもって語ること、登場する人物たちの心情が語られることなど、報道文も小説文などと共通する要素が多いことが分かる。客観的に観察できる「事実」は、全体のごく一部、痕跡でしかない。私たちはそれ以上を求めているのである。

†先にストーリーが作られる

各種報道やテレビ番組では、あらかじめ設定したストーリーに合わせて都合のよい材料を選んで作っているように思われることも多い。特定のイデオロギーに沿って作られているものもあるが、多くのテレビなどはむしろ手っ取り早くストーリーに乗せられるかどうか、耳目を集めやすいかどうかを優先しているようである。分かりやすいストーリーは危険でもありうる。次のような話をしばしば目にする。

もう何年も前のこと、あるテレビ局から、「日本語の『勉強』はもともと無理をするからきていると解釈していいか、それについてテレビ出演をお願いしたい」という依頼があった。（中略）しかし、わたしはずっとこの説に疑問をもっていた。テレビ局に尋ねられたのを機会に調べてみると、「勉強」の意味は「一生懸命やる、励む」意味だということがわかった。そこで、「原義から言うとその解釈はなりたちません」と回答したが、相手は「そこをなんとかうまく言えないか」と引き下がらない。それで、「ウソを言うことはできません」と断った。のち、ある日本語学者が上の説をテレビで述べているのをたまたま聞いて、はたしてこの人は調べてそう言っているのかとあきれたことがあった。（荒川清秀『中国語を歩く――辞書と街角の考現学パート2』東方書店、二〇一四年）

この手の話はよく耳にする。マスコミのほうであらかじめストーリーができあがっていて、信憑性を持たせるために専門家にすでに決まっていることを話してもらうというものである。その見解が正しいものであればよいのだが、「それは事実とは異なる」と「専門家の意見」を言っても、最初に作成したストーリーのまま放送してしまう。そして、不都合な証言は抹消されてしまう。バラエティー番組だけでなく、報道番組もこのような仕方で作られているものが多いという。

もちろん、毎日ニュース番組を作るのは大変なことである。出来事をきちんと検証し、複数の専門家の意見を集約してからストーリーを作るのでは、間に合わないという事情もあるだろう。視聴者としては、そういうものとして受け取るほかない。

†歴史も真実であるとは限らない

ジョージ・オーウェルの古典的小説『一九八四年』が、最近でもまだよく売れている。『一九八四年』は、一九四八年に書かれた小説で、近未来の世界を描いたものであるが、そこに描かれている問題は最近になってよりいっそうクローズアップされることになっている。

『一九八四年』の主人公、ウィンストンは、真理省に勤める役人で、その仕事は歴史を書き換えることである。書き換えられた歴史は、公式のものとなり、人々の記憶もそれに置き換わっていく。私たちが「歴史」として知っていることは、「歴史」として書かれたものだということである。書かれたものを通じてしか、知ることができないのである。

中学や高校で教科書に書いてあった歴史を疑う生徒は多くないだろう。教育で教わったことは、疑われることのない事実となりうるのである。現在の日本には、学問の自由があるため、歴史はさまざまに描きうるが、『一九八四年』のように、公式の歴史以外がすべて抹消されてしまい、別の記憶を持つ人間までもが消えてしまえば、それが「真実」となりうる。

大ヒット漫画『進撃の巨人』（講談社）でも同じ問題が描かれている。この漫画では、壁の中に住む人たちの歴史が王家によって作り上げられており、それだけが正しい歴史とされていた。次頁の図を見てほしい。ここでは、「ここまで語った話は誰もが知る真実」

『進撃の巨人』25巻ⓒ諫山創／講談社

「ですが事実とは少々異なります」と書かれている。つまり人々が「真実」として知っていたはずの歴史は作り上げられたものだったというのである。

引用した『進撃の巨人』のセリフが面白いのは、「真実」と「事実」の使い方が通常とは逆転しているように思われる点である。一般的には、「真実」のほうが「事実」よりも絶対的なものであり、一つしかないもののように思われる。ところが、例のセリフでは、一般の人たちが知っている「真実」のほうが作られたものであって、「事実」のほうが「真実」に近い意味で使われている。

昨今はポスト・トゥルースの時代などと呼ばれ、客観的に「ひとつだけ」の真理・真実ではなく、自らが信じたいものを信じると言われている。だが、むしろこの『進撃の巨人』のセリフが表しているように、トゥルースをないがしろにしようとしているのではない。そうではなくて、信じたいものこそが「真実」であると信じられるようになっているのである。また、それこそが「正しい」ことであると考

えているようだ。

これに関して、哲学者の野家啓一は『物語の哲学』（岩波書店、一九九六年）の中で、次のようなテーゼを打ち出している。

（1）過去の出来事や事実は客観的に実在するものではなく、「想起」を通じて解釈学的に再構成されたものである。
（2）歴史的出来事と歴史叙述は不可分であり、前者は後者の文脈を離れては存在しない。
（3）歴史叙述は記憶の「共同化」と「構造化」を実現する言語的制作にほかならない。
（4）過去は未完成であり、いかなる歴史叙述も改訂を免れない。
（5）「時は流れない。それは積み重なる」
（6）物語えないことについては沈黙せねばならない。

（2）と（3）は納得しやすい。私たちは歴史そのものを知る手立てはなく、それは叙述と不可分である。歴史だと思っているものは、歴史として書かれたもののことである。
（3）では共同化の問題が触れられているが、言語によって作り出された歴史は、人々の間で共有されることによって歴史となる。『一九八四年』では、真理省が作り出した歴史が人々の間で流布していたし、『進撃の巨人』では王家が語った歴史が共有化されていた。

野家はさらにラディカルに、（1）過去の出来事や事実は客観的に実在しない、とまで言っている。これは直接的には過去というものは実在しないとした大森荘蔵の哲学を引き継ぐものであり、詳しくはそちらに譲ろう。過去の実在を認めるにしても認めないにしても、私たちは過去を直接的に知ることはできず、様々な記録や証言という「痕跡」からそれを再構成するほかないのは同じである。あらゆる痕跡もなくなってしまったのならば、それは最初から存在しなかったことになる。

『一九八四年』や『進撃の巨人』で、真理省や王家によって作られた歴史なるものが偽物であると分かったのは、記録や別の伝承が残っていたからであって、そうしたものが完全に抹消されていたのであるならば、それは存在しないことになる。また、（4）にあるように、いかなる歴史も原理的には改訂を免れない。『進撃の巨人』のように、新しい過去の痕跡が出てくれれば、それは書き換わる可能性が常にある。

もちろん、だからといって歴史家の作業が意味がないとはならない。物理の世界では、そもそも「時間」が実在しないという説があるらしいが、「時間」が物理的に存在しなかったからといって、人間にとってそれが重要であることは変わらない。

現在の歴史家の多くはできるだけ「事実」を明らかにしようとするが、「客観的な事実」なるものが仮に語りうるとしても、それはごく一部分でしかないことは意識すべきだし、自らの叙述が「客観的な事実」であると思い込むことも防ぐことができるだろう。

†物語的イメージにとらわれる歴史

歴史学では客観的な歴史記述が目指されるが、実際にはそれよりも物語的イメージのほうが流布しやすいし、一般的に理解されているのはそちらのほうであることが多い。私も歴史の専門家ではないから、持っている「イメージ」のほとんどは物語的なイメージであって、歴史学的な検証を経たものではない。

例えば、私は織田信長は冷酷非道で現実主義、豊臣秀吉は機知に富んで有能、徳川家康は忍耐強いというイメージも持っているが、実際にそうだったかどうかは知らない。そうしたイメージは、おそらくかなり昔から形成されてきたものだろう。史実がどうであるかを検証するのと、どのように描かれてきたのかを検証するのは別の問題で、後者は文学に属する。多くの人が歴史だと思っていることの多くが文学に属しているのである。

よく知られているところでは、坂本龍馬の「未来を先取りしていた」というイメージは、司馬遼太郎の小説以降に広まったものだと言われている。イメージは一度作られると、延々と引用され続けるので、それが正しいことになってしまう。司馬遼太郎の小説を引用する政治家や経営者は昔から多いが、物語的イメージで政治や経営のビジョンを作っているのだろう。

中国史の例を挙げよう。宋代に岳飛という将軍がいて、いまでも人気がある。宋王朝は、北方の異民族の王朝である金に北方を制圧され、首都を南方に移さざるを得なくなる。主戦派だった岳飛は、金を何度か破る。しかし金と和平を結びたい宰相の秦檜に弾圧されてしまう。そこから先、岳飛は愛国の英雄、秦檜は売国奴の奸臣とされ、現在まで続いている。

ただこのイメージも、岳飛さえいれば金に戦って勝てたはずだという人々の願望によるところが大きいように思われる。領土を割譲してしまった責任を秦檜に押し付けている面も少なからずあり、公平ではないように私には思われる。軍事力で勝てなかったのだから、北方を割譲してでも和平を結んだほうが現実的な選択だったともいえる。

もう一例挙げよう。則天武后という中国史上唯一の女帝がいるが、どのようなイメージがあるだろうか。日本の歴史小説などでは、残虐で淫乱との否定的イメージで描かれていることが多い。ところが現代の中国人は、則天武后といえば、封建社会において唯一皇帝となった力強い女性として、肯定的なイメージを持っていて、最初はびっくりさせられた。

中国でも、ずっと悪いイメージで語られ続けていたのだが、中華人民共和国成立後、それが書き換えられることとなった。郭沫若《かくまつじゃく》という文学者が肯定的イメージに書いたほか、元女優で毛沢東夫人の江青もそのイメージを広めたと言われている。以降、それこそが正しい則天武后のイメージと思われており、ドラマや映画などでも何度も描かれている。普通の中国人はこのイメージにまったく疑いを持っていないので、「それは最近作られたイメージだよ」と言っても、信じないことが多い。

歴史について知っていることのかなりの部分が、こうした物語的イメージなのである。自分が持っているのがただのイメージであると知っているのと、強固に信じて疑わないのは異なる。

†資料的根拠と解釈のあいだ

歴史家の多くが、「歴史は物語である」という言明に対して反発を覚えるようである。ただ、歴史家が考える「物語」という語は、「フィクション」に近い意味でとらえているものである。

確かに歴史小説は想像に基づくものであり、また勝手にイメージを作り出していくものである。多くの人がそれこそを「歴史」と考えているのに我慢がならないのは、理解できる。また書店に行けば根拠の乏しい想像からなるものが「歴史の真実」と銘打たれて並んでいるのを見ても、腹立たしい思いになるのであろう。歴史叙述とは客観的事実を追求するものではなくて、国家と国民統合に利するために行うものだとする歴史観を持った人たちが歴史教科書を編纂したりもしている。

現在の歴史学では、「事実」が重視されているが、「事実」とは資料的根拠に基づくものとされる。それも、単一の資料に基づくのではなく、複数の資料を勘案して「事実」を叙述していく。資料のないものについては沈黙しなければならない。

資料的根拠があるとすると、きちんとした歴史学の論文はフィクションではない。だが、きちんと論証された歴史も多くは物語ではある。複数の出来事を連結して叙述するだけで、これはもう物語なのである。事実であるかフィクションであるかではない。「事実」を述べるとする歴史学の論も、客観的に観察可能な出来事の叙述のみで構成されているわけではない。

一例として呉座勇一『陰謀の日本中世史』（角川新書、二〇一八年）を取り上げよう。この本では、陰謀論を中心とするさまざまな俗説が退けられている。例えばよく取り上げられる陰謀論に、本能寺の変の黒幕がある。さまざまな説が唱えられているが、資料的根拠を欠き、どれもが幻想にすぎないことが論じられている。

本能寺の変で明智光秀が織田信長を殺害したのは明確な事実である。だが人々はそれだけで歴史の叙述を終わらせたがらない。**なぜ光秀は信長を殺害することになったのかが謎として残り**、それを解明したくなる。これが問題となるのは、当時の状況から考えて、光秀が謀反を起こす原因・理由・動機が合理的に説明できないからである。「光秀が信長を殺害した」という記述で終わるならば、森友学園問題で言えば「国有地が格安で売却された」という記述で終わるのと同じことであり、それだけでは関心の対象とならない。

原因・理由を探るのは、因果関係で出来事を結びつけることであり、ストーリー構築である。また、光秀の動機を探るのは、意図を持った主体として扱っているからである。人間は心情を持ち、何らかの意図をもって行動するが、心情や意図は客観的に観察可能ではない。もし「事実」なるものが客観的に観察可能な出来事に限るのであれば、動機や意図などはそもそも論じるべきではないことになる。だが果たしてそれでいいのだろうか、という疑問も出てくる。

本能寺の変に関するさまざまな説は憶測にすぎず、フィクションではある。だが『陰謀の日本中世史』を読むと、呉座氏をはじめとした歴史家も複数の出来事を連結させて論じるだけでなく、その出来事の原因・理由、さらには意図にまで踏み込んで記述していることが分かる。荒唐無稽のフィクションと異なるのは、資料的根拠から合理的で説得的な論証をしているかどうかである。
次のような記述を読んでみよう。

足利尊氏は弟直義を救援するため、出陣の許可を後醍醐に求めた。さらに征夷大将軍の地位を要求した。通説では、尊氏が征夷大将軍を求めたのは、建武政権からの離脱、幕府樹立という野心が彼にあったからだと説明される。実際、後醍醐も尊氏の自立化を恐れて、尊氏ではなく成良親王を征夷大将軍に任命した。なお、尊氏が後醍醐の許可を得ないまま出陣すると、後醍醐はあわてて尊氏を征東将軍に任命している。

しかし近年の研究では、尊氏の征夷大将軍任官要求は、武家政権樹立への布石ではないと考えられている。鎌倉幕府再建を大義名分に掲げる北条時行に対抗するには、征夷大将軍の権威が必要と判断したにすぎないというのである。結果を知る私たちから見れば、北条時行など物の数でもないが、当時の尊氏は直義に勝利した時行を恐れたと見るのが自然だろう。

建武二年八月、足利尊氏は北条時行を撃破し、鎌倉を奪回した。しかし尊氏は直義に説得され、後醍醐の帰京命令を無視して鎌倉に居座り、勝手に恩賞を与え始める。この尊氏の行動は、通説では、建武政権からの離脱、幕府樹立という姿勢を明確化したと説明される。

だが、この時点での尊氏にそこまでの余裕があっただろうか。圧勝したとはいえ、反乱の首謀者である時行を取り逃がしてしまったし、時行の残党も鎌倉周辺に潜伏していた。すぐに京都に帰れば、時行が勢力を盛り返す恐れがあった。亀田俊和氏が述べるように、鎌倉を拠点に関東の支配を安定させた上で帰京しようというのが尊氏の考えだったと思われる。

最初の段落を確認すると、「出陣の許可を求めたこと」「征夷大将軍の地位を要求したこと」「尊氏が許可を得ないままに出陣したこと」「後醍醐が慌てて征東将軍に任命したこと」は客観的に確認可能な「事実」である。だが「通説では、尊氏が征夷大将軍を求めたのは、建武政権からの離脱、幕府樹立という野心が彼にあったからだと説明される。」はそうではない。征夷大将軍を求めた尊氏の意図についてまで踏み込んで叙述している。「通説」とあるように、これは歴史家がそのように叙述しているのであって、歴史小説家が書いたものではない。

次の段落では、この通説への反論が行われている。尊氏がその地位を求めたのは、武家政権樹立のためではなく、単純に北条時行打倒のために権威が必要だったためとしている。

この説は、その当時の状況から見て、尊氏にはまだ後醍醐天皇に逆らう意志はなかったとみるほうが合理的だからだとされる。

その次の段落で述べられていることのうち、「尊氏が鎌倉を奪回したこと」「後醍醐の帰京命令を無視して鎌倉に居座り、勝手に恩賞を与えたこと」は客観的に観察可能な事実である。それでも、これらを並べることは単に客観的「事実」を述べているだけではない。通説では「征夷大将軍を求めたこと→勝手に恩賞を与えたこと→(後に室町幕府を立てること)」という時間軸に沿って発生する出来事をつなぎ合わせ、しかもそこに因果関係を読み取っていることになる。因果関係を読み取るからこそ、前の二つの出来事が幕府樹立の布石と説明されることになる。これだけでまぎれもなくストーリーの構築であり、物語である。

ここではさらに、尊氏が鎌倉に残って恩賞を与えたのは、関東支配の安定化が目的であったと通説と異なる見解を挙げている。これも尊氏の意図の説明である。とすれば、呉座氏の文章も、客観的に観察できる出来事の原因・理由・意図について叙述していることになる。これは「明智光秀が本能寺の変を起こしたのはなぜか」を巡る諸説と、根本的には同じものである。違いは、きちんと資料に基づき、合理的な説明をしているかどうかだと言える。

そもそも歴史叙述には叙述者（語り手）がいる。つまり認識主体がいるわけで、その見方が反映される。ある客観的事実があったとして、それを取り上げ、他を取り上げないという段階ですでにそうなのである。

清水克行『喧嘩両成敗の誕生』（講談社選書メチエ、二〇〇六年）から例を見る。

いずれにしても、当時、分国法に喧嘩両成敗法を盛り込んでいるか否かにかかわらず、基本的に戦国大名とは、大なり小なり、あらゆる紛争を当事者の自力救済ではなく、自身の法廷に訴え出させることで解決することを志向していた存在であった。古くからヨーロッパ法制史研究においては、自力救済権を否定する治安立法を成立させているか否かが、近代国家の成立の大きな指標のひとつとされてきた。わが国の法制史研究が戦国大名に大きな注目を向けてきたのも、まさに戦国大名が自力救済の克服のためにみせていた積極的な姿勢が、そうした人類史的なスケールの問題と大きく関わっていたからに他ならない。とりわけ、従来の研究においては、戦国大名の治安立法のうち喧嘩両成敗法だけが過度に注目されてきたという経緯があり、喧嘩両成敗法といえば戦国大名、戦国大名といえば喧嘩両成敗法、というぐらいに、かつて両者は強く結びつけて考えられてきた。

戦国大名が「喧嘩両成敗」にかかわる法を定めたのは事実であるが、それを取り上げてきたことは、「自力救済権を否定する治安立法を成立させているか否かが、近代国家の成立の大きな指標のひとつ」とされてきた歴史観に基づいたものだとされている。このように、客観的事実を書くとする歴史家の叙述も何らかの歴史観のもとに出来事をつなぎ合わせて考えるものなのである。

清水氏の『喧嘩両成敗の誕生』はいわゆる出来事史ではなく、中世の人たちの争い解決法の歴史を説いた説得的で面白い本である。しかし一次資料の中から、「事実」を選択し、並べ、そこに意味や価値判断を見出している。フィクションではないが、広い意味での物語である。

†フィクションと事実の連続性

昨今、「フェイクニュース」という言葉が流行し、報道が本当なのか虚偽であるのかが話題になる。歴史叙述にしても、フィクションが幅を利かせているし、歴史家のきちんとした研究であっても誤っている可能性はある。その根本的な要因としては、報道も歴史叙述も言語を用いて行われていることが挙げられる。

嘘、虚構、事実の間の区別は言語の中には存在していない。言語とは現実に存在するものの組み合わせから成り立っている形式が、「いま、ここ」にない何かを他者に伝達するものである。言葉のせいで私たちはあまりに多くの知らないことを知ってしまっている。事実であるかどうかは、現実と照らし合わせて検証が必要であるが、検証できないことのほうが多い。

架空の存在について考えてみよう。中国の古い書物に『山海経《せんがいきょう》』というのがある。これは本来的には地理書なのであるが、中央から遠く離れた地域の記述には、奇怪な動植物がたくさん登場する。この中に登場する「夔《キ》」という動物を見てみよう。後世に描かれた絵では、ケンタッキー・フライド・チキンのような造形をしているが、文章としては「牛のようだが角はなく、一本足で蒼色」と書かれている。「夔」は想像の動物であるが、言語の記述自体は現実に存在するものの組み合わせでなされていることが分かる。

『山海経』の夔
出典：『中国古典小説選１』明治書院

このような動物が存在しないことを今の私たちは知っているが、それは現在においてそのような動物が発見されていないことを知っているからである。情報が限られていると想像しよう。アフリカには「頸が長く、鹿のようで、黄色い動物がいる」とする記述を目にしたら、それは原理的には先の「夔」とは異なることがない。異なるのはキリンという存在物を動物園等で実際に見て検証できるかどうかである。

現実に存在するものも、しないものも、言語の記述としては同じなのである。

逆にフィクションを読んでいるときにも、私たちはそれを現実と同じように解釈する。村上春樹の『1Q84』（新潮社、二〇〇九年）で主人公たちは、現実の一九八四年とは異なる1Q84年にいることになっているが、読者は書かれていないことまでを含めて、一九八四年の東京を思い浮かべて読み進めることになる。

私が子供のころよく読んでいたものに、『金田一少年の事件簿』（講談社）という探偵物の漫画があった。この漫画に対して、『金田一少年の推理ミス』（データハウス、一九九五年）という本が刊行されていた。これは、『金田一少年の事件簿』の推理の矛盾を明らかにしていくというものであり、フィクションであるはずの殺人事件の「真犯人」を見つけたりするものであった。作品内で真犯人とされた人物ではなく、そうではない「真犯人」なるものがいると考えるのは、この事件を現実と見立てたうえで、伝えられていない別の真実があると考えているのである（本当は事件自体がフィクションなのだから、本当の犯人もいるはずがないのだが）。

以前、中学生の書いた『走れメロス』に関する検証が話題になったことを記憶している。

その検証によれば、メロスが往復した距離とかかった時間を計算すると、非常にゆっくり移動していることが分かったとする。作品内の事実としてはメロスは頑張って走っていることになっているのだが、(存在しない)現実のメロスは歩いていたというのである。

拙著『ノーベル文学賞を読む——ガルシア=マルケスからカズオ・イシグロまで』(角川選書、二〇一八年)で指摘したが、大江健三郎の『万延元年のフットボール』(講談社)は、語り手=主人公である蜜三郎の友人が顔に朱色の塗料を塗り、肛門に胡瓜を詰め込んで縊死したところから始まる。肛門に胡瓜を突っ込んだまま首吊りをするとは高等技術だ。普通は取れてしまうから、裸の首吊り死体と床に落ちた胡瓜が残るに違いない。とすれば、胡瓜が刺さった状態で死体が見つかったとするなら、誰かがつっこんだことになるのではないか。自殺に見せた他殺かもしれない。

これは作品の読みとしては荒唐無稽であるが、私たちは往々にしてこういう読み方をしているものなのである。フィクションも現実として読むのは、やはり言語自体には現実との区別がないからである。嘘もフィクションも現実を書き換えることが可能である。

†引用され、断片化され、情緒的に働きかけられる

文章を読んで、それをきちんと検証することはまれである。ではどんな文章が「真実ら

しい」と感じられるのだろうか。多くの場合、それはそれまでに読んできた文章、聞いたこと、学校の授業など、言葉によって伝達されたものによって形作られている。何度も同じようなことを目にしたり耳にしたりしているうちに、それはごく当然のものとなる。今から五〇年以上前に、ロラン・バルトは、「引用されることによって真実性を増す」という趣旨のことを述べていた。インターネット時代になってその状況はより鮮明になり、可視化されるようになった。

同じような文章を何度も読むことによって、それは真実と思われるようになるし、当然と考えられるようになっていく。インターネットでは、クリックした情報と同じような情報が配信されるし、SNSのタイムラインでは、同じような意見を持った人の意見ばかりが流れるようになっていることも、この傾向に拍車をかけている。人はもともと信じたいものだけを信じるようにできているが、信じたいものばかりが読めるように、環境も設定されてきているといえるだろう。

インターネットの普及以降、大量の情報が溢れるようになっているが、その反面、従来の媒体よりもひとつひとつの情報は短くなっている。長い記事は読まれないので、発信側も短いものを出すことになる。

じっくりとした記事は読まれないため、それよりも扇動的で極端なタイトルをつけることになる。国語教育に関する話題で言えば、テレビ等のメディアに頻繁に登場する教育評論家が「国語ができないといじめっ子になる」と言ったとする記事を見た。これは多くの読者の実感に適合するようであった。「国語ができないこと」と「いじめっ子になる」は相関関係があるような気がしてしまうのである。

しかし冷静に考えてみよう。国語の成績が上がるにつれていじめっ子の割合が減ることが統計的に明らかだったとしても、そこに因果関係があるかははっきりしない。国語だけでなく、単に偏差値が高い（勉強ができる）ほうがいじめをしなくなるだけかもしれない。それに、国語ができる子のほうが、全体的に家庭環境がよいためにいじめっ子にならないのかもしれない。そもそも、国語ができない子どもが全員いじめっ子になるわけでもないから、少なくとも完全な因果関係はない。おそらくは複合的な要因が関係してくるのだろう。いずれにしても「国語ができないといじめっ子になる」は短絡的な言明であることは確かだ。

そんなことは、評論家としても分かりきっているに違いない。極端なことを言ったほうが結果的に「国語を勉強して共感力を高めよう」というメッセージが伝わりやすくなっているのが現状である。そのためか、ネット上では極論が多い。「すべての〜は」といった極端な物言いは正しくないことがほとんどであるが、「〜だと〜になることがある」という事実に近い言い方より、注目される。インターネット上の記事など、耳目を引く表現は、以前の媒体で言えばキャッチコピーに類するようなものかもしれない。

ツイッターなどのSNSは、客観的な文章を載せる場ではなく、どちらかというと主観や感情が強く発露される場になっている。通常ならば個人の頭の中で処理されていた負の感情が文章化されて流れ、他者に読まれる。目の前に人がいないほうが、発言しやすい。こうした感情的な文章は、読み手の感情をも刺激する。特に負の感情は強い作用を呼び起こす。すると、感情を刺激された側も、何事か発信したくなってしまう。このため、負の感情が連鎖を起こしていく。

小説文も、読み手に感情を起こさせるものであって、それがかつては「情緒」と呼ばれて重視されていた。そういう意味では、ツイッターなどのSNSも小説と似たような役割を持っているし、新しい形式の文学ともいえるのである。

SNSの言語は、小説のような媒体と口語のコミュニケーションの中間に位置している。小説のような媒体では相手が時空間を共有していないので、時空間をきちんと設定し、どういうコンテクストなのかもきちんと書き込む。一方、口語の場合には、話し手がどういう人間で、どういう状況でその発言をしているのか、聞き手と話し手はともに了解しているので、それは普通言わない。

ＳＮＳの言語形式は、口語のものに近い。しかし、読み手は不特定多数だし、時空間を共有していない。読み手は、書き手がどのような人物か、どういう状況でその発言をしているのかが分からずに読むことが多い。そうすると読み手は自分で文脈を勝手に作り出して読解するので、書いたほうが考えもしなかったような読まれ方をしてしまう。さらに、対人コミュニケーションでは円滑な人間関係が優先されるが、ＳＮＳの場合それもないから、攻撃的な反応を示すことも躊躇されにくい。そこで生まれた感情がまた連鎖を引き起こしていく。

また、そこでは多くの人が自分の物語を発している。小説のような形式はもしかしたら衰退しうるが、物語自体は、ずっと生み出されていくだろう。

あとがき

今回、本書を準備するにあたって、「平均的な国語の授業」がどうなっているのかを改めて検討した。国語教育に関する専門書や、授業のやり方が書いてある本、学習指導要領やまじめな先生が作成した指導案を見ると、教員側が目標としていること、やろうとしていることが分かったが、それによって「国語」についての私のイメージが変わることはなかった。

私には「平均的な国語の授業」なるものが、ひどく退屈に思われるのである。書かれていることを板書していって、生徒に発問する。しかし、「面皰は何を表しているか」とか、「下人の行動をどう考えるか」など、ぜんぜん面白くない。国語の教師以外に、このような発問が面白いと思う人、意味があると思う人はどれだけいるのだろうか。

どうも私は普通の中高の教員にはむいていないらしい。

本書では、かつて受けたであろう授業（もしくは今受けているであろう授業）から出発して、その裏にどのような目的・目標があったのかの謎解きをした。そのうえで、さらに一歩進めた形を提案した。もちろん、教育とは相手があって成立するものだ。読み書きが不十分な生徒に対しては、その基礎を強化することが必要だし、教科書が読めない生徒ならば、読めるような指導を考えなければならない。しかし読めばわかる生徒に対しては、読むだけでは不十分となる。

最初にも述べたとおり、文章の読み書き、あるいは口頭でのコミュニケーションは、一生にわたって使い続けるものであって、ずっと学び続けるものである。学びは面白くあったほうがいい。本書がその学びに対してなんらかの気づきを提供できたとするならば、幸いである。

本書は、ちくま新書の編集者で同姓同名の橋本陽介さんにご担当いただいた。これまでも教えている学生にちくま新書の編集もやっていると勘違いされたり、明らかに私あてではないメールが届いたりしたことがあるなど、同じ名前を持つがゆえの縁があったが、今回ようやく一緒に仕事をすることができた。

今、国語教育も大きく変化しようとしている。果たしてそれはどのような結果をもたらすことになるのだろうか。

ちくま新書
1380

使《つか》える！「国語《こくご》」の考《かんが》え方《かた》

二〇一九年一月一〇日　第一刷発行

著者　橋本陽介（はしもと・ようすけ）
発行者　喜入冬子
発行所　株式会社　筑摩書房
東京都台東区蔵前二-五-三　郵便番号一一一-八七五五
電話番号〇三-五六八七-二六〇一（代表）
装幀者　間村俊一
印刷・製本　三松堂印刷　株式会社

ISBN978-4-480-07194-1 C0281

ちくま新書

110
「考える」ための小論文
西研
森下育彦
論文を書くことは自分の考えを吟味するところから始まる。大学入試小論文を通して、応用のきく文章作法を学び、考える技術を身につけるための哲学的実用書。

122
論文・レポートのまとめ方
古郡廷治
論文・レポートのまとめ方にはこんなコツがある！ 用字、用語、文章構成から図表の使い方まで実例を挙げながら丁寧に秘訣を伝授。初歩から学べる実用的な一冊。

292
ザ・ディベート
——自己責任時代の思考・表現技術
茂木秀昭
「原発は廃止すべし」。自分の意見をうまく言えますか？ データ集めから、立論、陳述、相手への反駁まで、学校やビジネスに活きるコミュニケーション技術を伝授。

542
高校生のための評論文キーワード100
中山元
言説とは？ イデオロギーとは？ テクストとは？ 辞書を引いてもわからない語を、思想的背景や頻出する文脈から解説。評論文を読む〈視点〉が養えるキーワード集。

600
大学生の論文執筆法
石原千秋
大学での授業の受け方から、大学院レベルでの研究報告や社会に出てからの書き方まで含め、執筆法の秘伝を公開する。近年の学問的潮流も視野に入れた新しい入門書。

604
高校生のための論理思考トレーニング
横山雅彦
日本人は議論下手。なぜなら「論理」とは「英語の」思考様式だから。日米の言語比較から、その背後の「心の習慣」を見直し、英語のロジックを日本語に応用する。2色刷。

908
東大入試に学ぶロジカルライティング
吉岡友治
腑に落ちる文章は、どれも論理的だ！ 東大入試を題材に、論理的に書くための「型」と「技」を覚えよう。学生だけでなく、社会人にも使えるワンランク上の文章術。

ちくま新書

486
図書館に訊け！
井上真琴
図書館は研究、調査、執筆に携わる人々の「駆け込み寺」である！　調べ方の超基本から「奥の手」まで、カリスマ図書館員があなただけに教えます。

756
漢和辞典に訊け！
円満字二郎
敬遠されがちな漢和辞典。でも骨組みを知れば千年以上にわたる日本人の漢字受容の歴史が浮かんでくる。辞典編集者が明かす、ウンチクで終わらせないための活用法。

993
学問の技法
橋本努
学問の王道から邪道まで、著者自身の苦悩から生み出されたテクニックを満載！　大学生はもちろん社会人も、読めば学問がしたくてしょうがなくなる、誘惑の一冊。

1012
その一言が余計です。
——日本語の「正しさ」を問う
山田敏弘
「見た目はいいけど」「まあ、がんばって」何気なく使った言葉で相手を傷つけた経験はありませんか。よりよいコミュニケーションのために、日本語の特徴に迫る一冊。

1088
反論が苦手な人の議論トレーニング
吉岡友治
「空気を読む」というマイナスに語られがちな行為は、実は議論の流れを知るための技でもあった！　ツッコミから反論、仲裁まで、話すための極意を伝授する。

1249
日本語全史
沖森卓也
古代から現代まで、日本語の移り変わりをたどり全史を解き明かすはじめての新書。時代ごとの文字・音韻・語彙・文法の変遷から、日本語の起源の姿が見えてくる。

1352
情報生産者になる
上野千鶴子
問いの立て方、データ収集、分析、アウトプットまで、新たな知を生産し発信するための方法を全部詰め込んだ一冊。学生はもちろん、すべての学びたい人たちへ。

ちくま新書

371 大学受験のための小説講義　石原千秋

「大学入試センター試験」に必ず出る小説問題。これを解くには学校では教えてくれない技術が必要だ！　国公立二次試験にもバッチリ使える教養としての小説入門。

599 高校生のための古文キーワード100　鈴木日出男

暗記はやめる！　源氏物語注釈・枕草子注釈、古語辞典編著を経て、国文学界の第一人者が書き下ろす、読んで身につく古文単語。コラム〈読解の知恵〉も必読。

876 古事記を読みなおす　三浦佑之

日本書紀には存在しない出雲神話がなぜ古事記では語られるのか？　序文のいう編纂の経緯は真実か？　この歴史書の謎を解きあかし、神話や伝承の古層を掘りおこす。

929 心づくしの日本語――和歌でよむ古代の思想　ツベタナ・クリステワ

過ぎ去った日本語は死んではいない。日本人の世界認識の根源には「歌を詠む」という営為がある。王朝文学の言葉を探り、心を重んじる日本語の叡知を甦らせる。

1254 万葉集から古代を読みとく　上野誠

民俗学や考古学の視点も駆使しながら万葉集全体を解剖し、今につながる古代人の文化史、社会史をさぐる型破りの入門書。「表現して、残す」ことの原初性に迫る。

1192 神話で読みとく古代日本――古事記・日本書紀・風土記　松本直樹

古事記、日本書紀、風土記という〈神話〉を丁寧に読みとくと、古代日本の国家の実像が見えてくる。精神史上の「日本」誕生を解明する、知的興奮に満ちた一冊。

1073 精選　漢詩集――生きる喜びの歌　下定雅弘

陶淵明、杜甫、李白、白居易、蘇軾。この五人を中心に、深い感銘を与える詩篇を厳選して紹介。漢詩に結実する東洋の知性と美を総覧する決定的なアンソロジー！

999
日本の文字
——「無声の思考」の封印を解く
石川九楊
日本語は三種類の文字をもつ。この、世界にまれな性格はどこに由来し、日本人の思考と感性に何をもたらしたのか。鬼才の書家が大胆に構想する文明論的思索。

1062
日本語の近代
——はずされた漢語
今野真二
漢語と和語が深く結びついた日本語のシステムから、日清戦争を境に漢字・漢語がはずされていく。明治期の小学教材を通して日本語への人為的コントロールを追う。

1105
やりなおし高校国語
——教科書で論理力・読解力を鍛える
出口汪
教科書の名作は、大人こそ読むべきだ！　夏目漱石、森鷗外、丸山眞男、小林秀雄などの名文をカリスマ現代文講師が読み解き、社会人必須のスキルを授ける。

1221
日本文法体系
藤井貞和
日本語を真に理解するには、現在の学校文法を書き換えなければならない。豊富な古文の実例をとりあげつつ、日本語の隠れた構造へと迫る、全く新しい理論の登場。

1246
時間の言語学
——メタファーから読みとく
瀬戸賢一
私たちが「時間」をどのように認識するかを、〈時は金なり〉〈時は流れる〉等のメタファー（隠喩）を分析して明らかにする。かつてない、ことばからみた時間論。

816
論理病をなおす！
——処方箋としての詭弁
香西秀信
詭弁をあなどるなかれ！　いくら論理で説得しようとしても、うまくいかないことだらけ。それより、相手の議論までも武器にした、口先、小手先の技術を身につけろ。

812
その言い方が人を怒らせる
——ことばの危機管理術
加藤重広
適確に伝えるには、日本語が陥りやすい表現の落とし穴を知ることだ。思い当たる「まずい」事例を豊富に取り上げ、言語学的に分析。会話の危機管理のための必携本。

565
使える！　確率的思考
小島寛之
この世は半歩先さえ不確かだ。上手に生きるには、可能性を見積もり適切な行動を選択する力が欠かせない。確率のテクニックを駆使して賢く判断する思考法を伝授！

701
こんなに使える経済学
――肥満から出世まで
大竹文雄編
肥満もたばこ中毒も、出世も談合も、経済学的な思考を上手に用いれば、問題解決への道筋が見えてくる！　経済学のエッセンスが実感できる、まったく新しい入門書。

884
40歳からの知的生産術
谷岡一郎
マネジメントの極意とは？　時間管理・情報整理・知的生産の3ステップで、その極意を紹介。ファイル術からアウトプット戦略まで、成果をだすための秘訣がわかる。

928
高校生にもわかる「お金」の話
内藤忍
お金は一生にいくら必要か？　お金の落とし穴って何だ？　AKB48、宝くじ、牛丼戦争など、身近な喩えでわかりやすく伝える、学校では教えない「お金の真実」。

1006
高校生からの経済データ入門
吉本佳生
データの収集、蓄積、作成、分析。数字で考える「頭」は、情報技術では絶対に買えません。高校生でも、そして大人でも、分析の技法を基礎の基礎から学べます。

1092
戦略思考ワークブック【ビジネス篇】
三谷宏治
Suica自販機はなぜ1・5倍も売れるのか？　1着25万円のスーツをどう売るか？　20の演習で、明日から使える戦略思考が身につくビジネスパーソン必読の一冊。

1189
恥をかかないスピーチ力
齋藤孝
自己紹介や、結婚式、送別会など人前で話す機会は意外と多い。そんな時のためのスピーチやコメントのコツと心構えを教えます。これさえ読んでいれば安心できる。

ちくま新書

645 つっこみ力　パオロ・マッツァリーノ
正しい「だけ」の議論は何も生まない。必要なのは、論敵を生かし、権威にもひるまず、みんなを楽しませる笑いである。日本人のためのエンターテイメント議論術。

710 友だち地獄 ――「空気を読む」世代のサバイバル　土井隆義
周囲から浮かないよう気を遣い、その場の空気を読もうとするケータイ世代。いじめ、ひきこもり、リストカットなどから、若い人たちのキッさと希望のありかを描く。

746 安全。でも、安心できない… ――信頼をめぐる心理学　中谷内一也
凶悪犯罪、自然災害、食品偽装……。現代社会に潜むリスクを「適切に怖がる」にはどうすべきか？　理性と感情のメカニズムをふまえて信頼のマネジメントを提示する。

802 心理学で何がわかるか　村上宣寛
性格と遺伝、自由意志の存在、知能のはかり方……。これらの問題を考えるには科学的方法が必要だ。俗説や疑似科学を退け、本物の心理学を最新の知見で案内する。

981 脳は美をどう感じるか ――アートの脳科学　川畑秀明
なぜ人はアートに感動するのだろうか。モネ、ゴッホ、フェルメール、モンドリアン、ポロックなどの名画を題材に、人間の脳に秘められた最大の謎を探究する。

1077 記憶力の正体 ――人はなぜ忘れるのか？　高橋雅延
物忘れをなくしたい。嫌な思い出を忘れたい。本当に記憶を操作することはできるのか？　多くの人を魅了する記憶力の不思議を、実験や体験をもとに解説する。

1321 「気づく」とはどういうことか ――こころと神経の科学　山鳥重
「なんで気づかなかったの」など、何気なく使われるこの言葉を手掛かりにこころの不思議に迫っていく。注意力が足りない、集中できないとお悩みの方に効く一冊。

ちくま新書

399 教えることの復権 大村はま 苅谷剛彦・夏子
詰め込みかゆとり教育か。今再びこの国の教育が揺れている。教室と授業に賭けた一教師の息の長い仕事を通して、もう一度正面から「教えること」を考え直す。

742 公立学校の底力 志水宏吉
公立学校のよさとは何か。元気のある学校はどんな取り組みをしているのか。12の学校を取り上げた本書は、公立学校を支える人々へ送る熱きエールである。

828 教育改革のゆくえ ——国から地方へ 小川正人
二〇〇〇年以降、激動の理由は？ 文教族・文科省・内閣のパワーバランスの変化を明らかにし、内閣主導の現在、教育が政治の食い物にされないための方策を考える。

1014 学力幻想 小玉重夫
日本の教育はなぜ失敗をくり返すのか。その背景には、子ども中心主義とポピュリズムの罠がある。学力をめぐる誤った思い込みを抉り出し、教育再生への道筋を示す。

1239 知のスクランブル ——文理的思考の挑戦 日本大学文理学部編
文系・理系をあわせ持つ、文理学部の研究者たちが結集。18名の研究紹介から、領域横断的な「知」の可能性が見えてくる。執筆者：永井均、古川隆久、広田照幸ほか。

1337 暴走する能力主義 ——教育と現代社会の病理 中村高康
大学進学が一般化し、いま、学歴の正当性が問われている。〈能力〉のあり方が揺らぐ現代を分析し、私たちが生きる社会とは何なのか、その構造をくっきりと描く。

1354 国語教育の危機 ——大学入学共通テストと新学習指導要領 紅野謙介
二〇二一年より導入される大学入学共通テスト。高校国語教科書の編集に携わってきた著者が、そのプレテスト問題を分析し、看過できない内容にメスを入れる。

ちくま新書

482
哲学マップ
貫成人
難解かつ広大な「哲学」の世界に踏み込むにはどうしても地図が必要だ。各思想のエッセンスと思想間のつながりを押さえて古今東西の思索を鮮やかに一望する。

545
哲学思考トレーニング
伊勢田哲治
哲学って素人には役立たず？　否、そこは使える知のツールの宝庫。屁理屈や権威にだまされず、筋の通った思考を自分の頭で一段ずつ積み上げてゆく技法を完全伝授！

666
高校生のための哲学入門
長谷川宏
どんなふうにして私たちの社会はここまできたのか。「知」の在り処はどこか。ヘーゲルの翻訳で知られる著者が、自身の思考の軌跡を踏まえて書き下ろす待望の書。

695
哲学の誤読
——入試現代文で哲学する！
入不二基義
哲学の文章を、答えを安易に求めるのではなく、思考の対話を重ねるように読み解いてみよう。入試問題の哲学文を「誤読」に着目しながら精読するユニークな入門書。

832
わかりやすいはわかりにくい？
——臨床哲学講座
鷲田清一
人はなぜわかりやすい論理に流され、思い通りにゆかず苛立つのか——常識とは異なる角度から哲学的に物事を見る方法をレッスンし、自らの言葉で考える力を養う。

944
分析哲学講義
青山拓央
現代哲学の全領域に浸透した「分析哲学」。言語のはたらきの分析を通じて世界の仕組みを解き明かすその手法は切れ味抜群だ。哲学史上の優れた議論を素材に説く！

967
功利主義入門
——はじめての倫理学
児玉聡
「よりよい生き方のために常識やルールをきちんと考えなおす」技術としての倫理学において「功利主義」は最有力のツールである。自分で考える人のための入門書。

ちくま新書

377
人はなぜ「美しい」がわかるのか
橋本治

「美しい」とはどういう心の働きなのか？「合理性」や「カッコよさ」とはどう違うのか？　日本の古典や美術に造詣の深い、活字の鉄人による「美」をめぐる人生論。

578
「かわいい」論
四方田犬彦

キティちゃん、ポケモン、セーラームーン――。日本製のキャラクター商品はなぜ世界中で愛されるのか？「かわいい」の構造を美学的に分析する初めての試み。

881
東大生の論理
――「理性」をめぐる教室
高橋昌一郎

東大生は理詰めで、知的で、クールなの？　東大の論理学講義で行った対話をもとにして、その発想、論法、倫理にふれる。理性の完全性を考えなおす哲学エッセイ。

1146
戦後入門
加藤典洋

日本はなぜ「戦後」を終わらせられないのか。その核心にある「対米従属」「ねじれ」の問題の起源を世界戦争に探り、憲法九条の平和原則の強化による打開案を示す。

415
お姫様とジェンダー
――アニメで学ぶ男と女のジェンダー学入門
若桑みどり

白雪姫、シンデレラ、眠り姫などの昔話にはどのような意味が隠されているか。世界中で人気のディズニーのアニメを使って考えるジェンダー学入門の実験的講義。

469
公共哲学とは何か
山脇直司

滅私奉公の世に逆戻りすることなく私たちの社会に公共性を取り戻すことは可能か？　個人を活かしながら公共性を開花させる道筋を根源から問う知の実践への招待。

569
無思想の発見
養老孟司

日本人はなぜ無思想なのか。それはつまり、「ゼロ」のようなものではないか。「無思想の思想」を手がかりに、日本が抱える諸問題を論じ、閉塞した現代に風穴を開ける。